Sabine Vogel
mit Sebastian Roncal

„Weil Gott sie liebt"

*Mami Bini und die Familien
von casayohana*

BRUNNEN
Verlag GmbH · Giessen

Sabine „Bine“ Vogel ist 1970 in Creußen/Oberfranken geboren. Sie ist gelernte Kinderkrankenschwester und Kinderintensivschwester. Außerdem hat sie eine theologische Ausbildung absolviert und ist ausgebildete Seelsorgerin mit dem Schwerpunkt Kinder und Jugendliche. Seit 2010 lebt und arbeitet sie in den Hochanden von Peru. 2014 hat sie dort das Hilfswerk casayohana gegründet, das sie seitdem leitet.

Sebastian Roncal ist 1984 in Lima/Peru geboren. Nach seinem Studium der Kunstpädagogik und Philosophie absolviert er ein journalistisches Volontariat. Er lebt und arbeitet als freischaffender Autor/Filmemacher in Berlin.

MIX
Papier | Fördert gute Waldnutzung
FSC® C014496
www.fsc.org

Lektorat: Stefan Loß
Fotos: casayohana
Umschlaggestaltung: Jonathan Maul
Satz: DTP Brunnen
Druck: GGP Media GmbH, Pößneck
ISBN Buch: 978-3-7655-3632-8
ISBN E-Book: 978-3-7655-7680-5
www.brunnen-verlag.de

Für
Annette und Matthias –
meine Lieblingsmenschen

Für
mein Jeanettchen –
für 31 Jahre treue Freundschaft

Inhalt

Epilog

Yohana – Das Mädchen in der Hütte

Woher kam dieses Geräusch? Es war ein Röcheln, so, als würde jemand nach Luft schnappen. Wen hatte Pastor Jacinto hinten in der Ecke versteckt? Wer sollte nicht gesehen werden? Es wurden doch immer alle vorgestellt, die zu Hause waren. Oder doch nicht? Ich bin gelernte Kinderintensivschwester und manche Geräusche versetzen mich augenblicklich in Alarmbereitschaft. So war es auch an diesem Nachmittag in der Hütte von Pastor Jacinto, hoch in den Anden Perus.

Auf der einen Seite der Hütte war ein ungebrannter Lehm-Ofen. Das Feuer darunter loderte. Darüber stand ein Topf. Der gestampfte Lehmboden war nicht fest und überall liefen die Meerschweinchen herum. Die Nager werden hier zum Verzehr gezüchtet und nicht wie bei uns in Deutschland als Haustiere. Wohnraum, Schlafraum, Küche und Stall – die Hütte war alles in einem. Wir saßen auf Baumstümpfen um das Feuer. Die Gastfreundschaft hier oben ist überwältigend. Die Menschen haben fast gar nichts. Aber das Wenige, was sie haben, teilen sie. Der Pastor hatte uns sein Gemeindehaus zur Verfügung gestellt. Wir waren unterwegs, um eine Schulung für Frauen einer kleinen evangelischen Kirche anzubieten. Jetzt genossen wir noch Pastor Jacintos Gastfreundschaft. Es gab Tee, Kartoffeln und eine Suppe.

Der Rauch des Feuers brannte in den Augen. Die Hütte hatte absichtlich keine Fenster und auch keinen Rauchabzug. Hier auf 4000 Metern Höhe ist es krach-kalt, und da es keine Heizungen gibt und Brennholz Mangelware ist, wird der Rauch, der beim

Kochen entsteht, in der Hütte gehalten. Es war also stockdunkel, der Rauch stand in der Luft, aber es war einigermaßen warm.

Pastor Jacinto ist ein einfacher Mann. Er ist Bauer, wie jeder hier im Dorf, und zusammen mit seiner Frau und dem Rest der Familie verbringt er den ganzen Tag auf dem Feld. So sichern sie ihr Überleben. Er sah aus wie 70, war aber 37 Jahre alt, wie ich später erfahren sollte. Ihm fehlten viele Zähne und die harte Arbeit auf dem Feld lässt hier oben, nahe an der Sonne, die Haut schnell altern. Jacinto ist nebenberuflich Pastor, aber ob er schreiben oder lesen kann, weiß ich nicht. Theologie hat er jedenfalls nie studiert. Jemand aus der Kirche wird von den Brüdern ausgewählt, um die Gemeinde zu leiten. Er hatte sich wohl bewährt – Pastor Jacinto.

Wir saßen also in seiner Hütte und haben nicht viel geredet. Er konnte nur wenig Spanisch, ich sprach kein Quechua. Wir saßen einfach beieinander. Doch plötzlich hörte ich – hinten im Eck – das besagte Geräusch, dieses Röcheln. Ich konnte nichts sehen, da es in der Hütte ja duster war. Aber das Röcheln war mir vertraut. Kinder mit spastischen Lähmungen röcheln so, wenn sie Schleim im Rachen haben und ihn nicht selbst lösen können. Infantile Cerebralparese, kurz ICP, ist die medizinische Bezeichnung für eine solche Behinderung. In meiner Ausbildung habe ich damit Erfahrungen gemacht. Lag dort hinten jemand, der Hilfe brauchte? Ich wollte fragen, aber ich wusste nicht, ob ich Pastor Jacinto damit beschäme. Ich kannte die Kultur noch nicht gut genug. Erst später lernte ich, dass Kinder mit Behinderungen hier ein Fluch sind und Männer sich dafür schämen. Viele lehnen es ab, Vater eines solchen Kindes zu sein. Sie sagen, es sei von einem anderen Mann – die Frau sei fremdgegangen, viele verlassen gar die Familie. Eine Behinderung ist ein Zeichen der Schwäche – ein Makel, der zeigt, dass man kein richtiger Mann ist.

Und manche verstecken das Kind. Hatte Pastor Jacinto jemanden versteckt? Lag da hinten jemand?

Ich musste etwas sagen: „Mensch, Pastor Jacinto, du hilfst uns, gibst uns deine Kirche. Ich bin Kinderkrankenschwester. Hast du einen Angehörigen, dem ich irgendwie helfen kann?" Ich merkte, dass ihn meine Frage überforderte. Es kämpfte in ihm. Soll er vor mir, der Gringa – so werden Weiße in Peru genannt –, den Schein wahren? Oder sollte ihm sein Ansehen egal sein und wäre die Liebe zu dem, was da dahinten lag, wichtiger? Dann stand er auf und führte mich in das dunkle Eck, aus dem die Geräusche kamen. Ich griff nach meinem Handy, um mit der eingebauten Taschenlampe etwas zu erkennen. Da stand ein selbst gezimmertes Gestell. Anstelle einer Matratze lagen alte Decken und ein Schaffell darauf. Es sah nicht gemütlich aus. Ich konnte ein Kind erkennen, vielleicht 80 cm groß und so um die fünf bis sechs Kilo schwer. Ich habe mich so erschrocken. Auf meine Frage, wie alt es ist, kam die leise Antwort: „Zwölf." Ich war fassungslos. Es gibt Bilder aus den Konzentrationslagern mit all diesen abgemagerten Menschen. Bilder, auf denen die Haut nur noch Knochen umhüllt. So sah das Kind im Bett aus. Dieser Moment hat mir das Herz zerrissen. Vor lauter Versteifung lagen die Knie an den Schultern. Und die Hände waren nach hinten geklappt. Das Kind war klatschnass von Speichel und Urin, denn die Familie hatte kein Geld für Windeln. Es stank wie die Pest. Als ich das Mädchen auf den Arm nahm, merkte ich, dass es eiskalt war. Pastor Jacinto strahlte: „Das ist Yohana. Ich habe letzte Woche geträumt, dass sie mit dreizehn über die Wiese laufen wird. Sie wird springen, singen und tanzen. Und jetzt kommst du und willst helfen. Das ist Gottes Geschenk." Ich stand da, mit meinem deutschen Krankenschwesterhirn, hab mir das Kind angeschaut und habe gedacht: „Gott ist groß. Das steht außer Frage. Der kann das.

Aber nach menschlichem Ermessen, wenn wir es schaffen, dass Yohana nicht mehr friert, nicht mehr hungert, keine Schmerzen hat – vielleicht mal etwas wahrnimmt –, dann sind wir echt gut." Diese Gedanken habe ich für mich behalten. „Pastor Jacinto, wir schauen, was wir tun können." Das war alles, was ich sagen konnte.

Dass ich Yohana so in den Arm nehmen konnte, hat mich im Nachhinein überrascht. Während meiner Ausbildung musste ich auch den Bereich für Kinder mit ICP kennenlernen. Ich habe zu diesen Kindern keine Verbindung aufbauen können. Sie waren verkrampft, immer verschwitzt und verspeichelt und als 19-Jährige war es mir schwergefallen, das zu ignorieren. Ich hatte einfach keinen Zugang zu ihnen bekommen, hatte keine Liebe für sie empfunden. Vor Yohanas Bett hat sich das dann schlagartig geändert. Mein Herz zerfloss vor Liebe zu diesem Kind. Gott hatte einen Schalter umgelegt.

Yohana war nicht deshalb in diesem Zustand, weil Pastor Jacinto kein guter Vater war. Er hat sie geliebt, denn sonst hätte er sie nicht zwölf Jahre lang gepflegt und ernährt, auch wenn er sie aus Scham versteckt hat.

Dann erzählte er mir ihre Geschichte. Als Yohana ein Säugling war, fiel der Familie auf, dass sie wenig schrie. Aber an der Brust trank sie. Erst als das Mädchen mit drei Jahren abgestillt werden sollte und sie von der Konsistenz etwas festere Nahrung zugeführt bekam, verschluckte sie sich oft und litt dabei so heftig, als würde sie bald ersticken. Die Familie brauchte Zeit, um Geld zusammenzulegen, bis sie sich einen Arztbesuch in Andahuaylas leisten konnte. Ein halbes Jahr lang haben sie Geld gesammelt. Ein halbes Jahr lebten sie mit der Angst, dass Yohana erstickte. Als sie dann endlich den Termin hatten, gab es jedoch keine Diagnose, sondern nur eine Demütigung. Die Worte des Arztes waren schlimm, erinnerte sich Pastor Jacinto: „Er hat

Yohana angeschaut. Dann hat er mich angeschaut. Dann wieder Yohana. Und dann kam er auf mich zu und hat mich von oben bis unten gemustert. Hat an mir gerochen und dann abfällig gesagt: „Na, woher kommst du? Wie viele Kinder habt ihr denn da oben? Acht, zehn, elf? Ach! Nimm sie mit und lass sie sterben." Diese Worte schlugen ein. Pastor Jacinto schämte sich, denn er hatte den Arzt mit solch einem Kind belästigt und seine Zeit vergeudet. Yohana würde nicht lange leben. Jacinto glaubte dem Arzt. Außerdem: Sie hatten ja gesunde Kinder. Auch damit hatte der Arzt recht.

Die Eltern gingen zurück nach Chaccrampa und dachten, dass ihre Tochter sterben würde. Doch bis das so weit war, sollte Yohana trotzdem umsorgt werden. Schließlich liebten sie ihre Tochter. Sie wollten sie nicht einfach sterben lassen. Nur, wie ernährt man ein dem Tod geweihtes Kind? Milch konnte sich die Familie nur ganz selten leisten. Brühe hat die Konsistenz von Milch, so ihre Überlegung. Und sie ist ja irgendwie nahrhaft. Dass die nötigen Vitamine, Mineralien, Eiweiße, die ein Kind wie Yohana braucht, nicht in der Brühe enthalten sind, wusste die Familie nicht. Woher auch? Sie taten aus Liebe das Beste. Das Kind bekam jeden Tag Brühe.

Yohana sollte leben – länger als gedacht. Wochen und Monate vergingen, Jahre zogen ins Land. So lange es noch ging und die Versteifungen noch nicht sehr fortgeschritten waren, wurde sie jeden Tag in einem Tuch auf dem Rücken auf das Feld mitgenommen. Dann wuchs sie und wurde zu groß, schwer und ihre Gelenke versteiften sich immer weiter, sodass der Aufwand nicht mehr zu stemmen war. Vor Sonnenaufgang stand die Familie auf, die Brühe wurde gekocht und Yohana wurde versorgt. Dann gingen alle auf die Felder ins Tal und Yohana blieb in der kalten Hütte, alleine, in ihrem Urin liegend, ohne die beruhigende Stimme der Eltern, ohne jegliche Stimulation.

Nicht selten lag sie 12 Sunden allein in der dunklen Hütte. Den ganzen Tag ohne Bewegung. ICP-Kinder brauchen Bewegung – sie brauchen Physiotherapie. Sonst werden ihre Muskeln immer steifer. Doch woher hätte Pastor Jacinto das wissen können? Der Arzt hatte ihm nichts gesagt und Zugang zum Internet gab es nicht. Was hätte er tun sollen? Die Familie musste überleben. Abends um sechs Uhr – kurz vor Sonnenuntergang – kamen alle wieder heim. Und wie auch am Morgen gab es Brühe für Yohana.

Mach das mit einem gesunden Kind und es wird nach drei Jahren auch schwerstbehindert sein. Yohana lebte trotzdem weiter. Tagein, tagaus. Bis zu diesem Nachmittag, an dem ich sie kennenlernen durfte.

Ich habe dann mit Pastor Jacinto besprochen, wie wir helfen wollten. Seine Augen leuchteten, weil sich scheinbar noch nie jemand um Yohana gekümmert hatte. Sein Traum, Yohana würde bald auf der Wiese tanzen, springen und hüpfen, wurde für ihn greifbar. Was brauchte die Familie, wo konnten wir sie unterstützen? Als ich zu Hause angekommen war, baute ich gleich einen Stuhl für Yohana. Es gibt diese Gartenstühle aus Plastik, die man aufeinanderstapeln kann. Ich fand einen in Kindergröße, beklebte die Sitzflächen, Arm- und Rückenlehne mit Schaumstoff. Yohana sollte weich sitzen können. Ich besorgte eine Matratze und Kleidung. Milchpulver, Vitamine, Windeln und ein Radio mit Batterien, damit sie tagsüber wenigstens etwas Unterhaltung hatte.

Es war gerade Regenzeit und nicht alle Straßen waren befahrbar. Außerdem waren Sommerferien und wir hatten kein Programm. Erst sechs Wochen nach unserem Kennenlernen konnten wir wieder den Weg nach Chaccrampa zu Pastor Jacinto und Yohana antreten. Um vier Uhr morgens brachen wir in Andahuaylas auf. Das Auto war voll mit Sachen für das Kind.

Noch ahnte ich nicht, dass diese Dinge keine Verwendung mehr finden würden. Als wir um acht Uhr an der Hütte von Pastor Jacinto ankamen, war es ungewöhnlich ruhig. Normalerweise kamen uns die Hunde und die Kinder entgegen. Sie konnten von Weitem sehen und hören, dass wir kamen. Es war ein Ereignis in dem sonst so selten besuchten Dorf. Aber nicht an diesem Tag. Wir stiegen den Berg zur Hütte hinunter, die ungefähr 200 Meter unterhalb der Straße lag. Trauer war in der Luft. Wir sind hineingegangen und in der Dunkelheit der Hütte leuchtete eine Kerze. Ich hörte Pastor Jacinto und seine Frau weinen. Und in ihrer Ecke lag Yohana, leblos. Sie war um 07:30 Uhr – eine halbe Stunde vor unserer Ankunft – an den Folgen der Mangel- und Fehlernährung gestorben.

Ich konnte es nicht fassen. Ich habe geheult – nur geheult. Und dann spürte ich, wie Wut in mir aufkochte. Ich war sauer – auf mich. Auf Gott. Auf die Regenzeit, die uns aufgehalten hatte. Ich war sauer auf die Kultur, die das zuließ. Warum habe ich nicht mehr gemacht. Warum habe ich nicht gequengelt: „Ich muss da hoch. Ich muss da hoch! Komme, was wolle." Ich war stinksauer. Der Tod von Yohana hätte doch verhindert werden können. Warum, Gott? Warum? Wir alle haben versagt.

Am nächsten Tag – wir hatten einen Sarg aus Andahuaylas kommen lassen, da es hier oben keine Bäume gab – saßen wir zusammen. Pastor Jacinto schaute mich an. Dann sagte er etwas, das ich nicht vergessen werde: „Hermanita Binecita (Schwesterlein Binchen), schau, wie groß Gottes Liebe ist. Er hat mich mit dem Traum, den er mir geschickt hatte, getröstet. Und jetzt ist Yohana bei ihm. Und sie läuft über die Wiese, sie singt und springt und tanzt. Und nichts tut ihr mehr weh."

Aus diesem trauernden, zahnlosen Mund war das für mich die Predigt meines Lebens. Ich dachte: ‚Bine, du blöde Kuh. Du bist sauer auf Gott, obwohl du dieses Kind nur einmal gesehen hast. Du hattest es einmal in den Armen und der Papa, der 12 Jahre lang dieses Leiden ertragen hat und nach seinen Möglichkeiten alles getan hat, der sieht in dieser Tragik die Liebe Gottes. Du tickst wohl nicht richtig.' Dann habe ich Pastor Jacinto angeschaut, habe ihm zugestimmt und gefragt: „Sag mal, Pastor Jacinto, gibt es hier noch mehr Kinder mit Behinderungen?" Er sagte „Ja, hier und da – da drüben ist auch eins." Dabei zeigte er mit seinen Armen in alle Himmelsrichtungen. Und plötzlich war mir klar, was ich hier zu tun hatte. Die Aufgabe hatte noch keinen Namen, aber ich wusste jetzt, wohin es ging. Ich wollte diesen Kindern mit Behinderung helfen. Ich hatte ihr Leiden gesehen und ich wollte helfen. Wie aus dieser Begegnung mit der kleinen Yohana und Pastor Jacinto „casayohana" wurde, ein Zentrum, in dem heute über 200 Familien betreut werden – davon handelt dieses Buch.

Kapitel 1

Wie ich wurde, was ich bin, und welche Rolle der liebe Gott dabei spielt

„Wenn du helfen kannst, dann hilf!" – der soziale Papa und die fromme Pflichterfüllung

Creußen, die Kleinstadt, in der ich aufgewachsen bin, liegt zwischen Nürnberg und Bayreuth. Gelegentlich kam es vor, dass Wohnungslose – gerade im Winter – an unsere Tür geklopft haben und einen Schlafplatz suchten. Zuvor haben sie bei der evangelischen Kirche nachgefragt und der Pfarrer wusste, dass meine Eltern sehr sozial sind. Bei Herbert Vogel gab es immer einen Schlafplatz. Das wusste der ganze Ort. Es gab nur eine Regel – von meiner Mama eingefordert: Jeder kann bei uns übernachten, doch erst muss gebadet werden. Der Gast musste also in die Badewanne und wurde anschließend mit frischen Klamotten meines Vaters eingekleidet. Dann saß er bei uns am Tisch und hat mit uns gegessen. Wir fragten nach ihrem Leben, und die meisten erzählten gern. Wenn sich der Gast dann zum Schlafen in das Gästezimmer im Erdgeschoss, gleich neben den Wohnräumen meiner Großeltern, zurückgezogen hatte, kamen wir noch mal als Familie zusammen und beteten, dass, wer auch immer gerade bei uns übernachtete, uns nicht ausraubte. Vor allem für uns drei Kinder war das aufregend und eine Lektion: Wir ließen uns auf ein Wagnis ein, aber wir vertrauten auf Gott. Wir sind zu Bett gegangen in dem festen Glauben, dass Gott auf uns aufpasst.

Und so war es auch. Ich kann mich nicht daran erinnern, dass jemals etwas verschwunden wäre.

„Wenn du jemandem helfen kannst, dann denke erst gar nicht darüber nach, weswegen das jetzt gerade nicht gehen sollte. Mach einfach und Gott versorgt dich dabei." Das habe ich von meinem Vater gelernt. Er hat nicht nur geredet, er hat es gemacht. Er hat uns sein Pflichtbewusstsein vorgelebt. Er hat es nicht nur gepredigt, sondern er hat es gelebt. Ansonsten hätte ich mich damit noch schwerer getan, vor allem im fortgeschrittenen Kindesalter.

Unser Haus war immer ein offenes Haus. Ich habe es selten anders erlebt. Meinen Eltern, aber vor allem meiner Mutter war es wichtig, Menschen in Not zu helfen. Sie konnte auch mal alles stehen und liegen lassen, ob das Haus aufgeräumt oder geputzt war, spielte keine Rolle. Wenn jemand kam und Hilfe brauchte oder Hunger hatte, hatten sie immer ein offenes Ohr, eine weit geöffnete Tür und etwas auf dem Tisch. Ich habe es klasse gefunden, dass sich die Leute bei uns so wohlgefühlt haben. So hatten wir zum Beispiel oft gerade die Schulfreunde aus schwierigen Verhältnissen bei uns. Meine Mutter hatte ein ganz großes Herz für „nicht geliebte" und einsame Menschen. Und oft saßen besonders an Feiertagen deshalb Fremde mit uns am Tisch. In Bayreuth gab es eine amerikanische Kaserne. Über die Feiertage hatten die Soldaten frei. Doch nicht alle hatten Familien hier und viele waren einsam. In einem Jahr gab es den Aufruf in der Zeitung, ob sich jemand vorstellen könnte, amerikanische GIs für das Fest aufzunehmen. Meine Eltern haben sich gemeldet und das führte zu skurrilen Situationen. Wir lebten ja im tiefsten Franken und ich war Vorschulkind. Ich habe noch nie vorher einen schwarzen Menschen gesehen. Und dann hatten wir einen zu Besuch. Ich habe den armen Mann angestarrt – ich habe ihn fixiert. Meine Mutter hat die ganze Zeit versucht, mir Zeichen zu geben. Sie hat mit ihren Augen gerollt. Ihr war das peinlich und sie wollte, dass ich wegschaue, aber ich konnte nicht wegschauen. Jahrzehnte später – in Peru – sollte mir diese Begebenheit wieder einfallen. Es half mir dabei, das Verhalten der Menschen, die noch nie einen Weißen gesehen hatten, zu verstehen.

Diese Menschen – fremde Menschen in der eigenen Wohnung – werde ich nie vergessen. Erlebnisse solcher Art haben mich geprägt – sind in mein Herz eingebrannt. Ich bin damit aufgewachsen und so wurde es selbstverständlich für mich, dass ich helfe, wo und wann immer ich kann. Bis heute treibt mich diese Einstellung an und führt mich in Abenteuer, in überraschend schöne Situationen, aber manchmal auch in Herausforderungen. Wenn ich jemanden in Not sehe – Leid vor meinen Augen erkenne – und die Möglichkeit habe zu helfen, dann tue ich das. Das hat mich hierhergebracht, auf 2.900 Meter über dem Meeresspiegel, mitten in die peruanischen Anden.

Die Knödel-Akademie

Wenn man mich als Kind gefragt hat: „Was willst du mal werden?", habe ich gesagt: „Kinderkrankenschwester! Und einen Mann brauche ich nicht!" Das mit dem Mann konnte ich damals noch nicht abschätzen. Der Berufswunsch allerdings war fest. Meine Mutter war Kinderkrankenschwester und ich wollte in ihre Fußstapfen treten. Schon mit fünf – sehr früh – wurde ich eingeschult. Das war eine Zeit lang Mode und mein Vater war Schuldirektor – der fand das damals gut. Aber dadurch habe ich auch jung meinen Schulabschluss gemacht. Mit 16 war ich zu jung. Kinderkrankenschwester durfte man erst ab 18 werden. Heute würde man ja sagen: Geh für ein Jahr ins Ausland, sammle Erfahrungen. Damals war das undenkbar. Ich wollte aber auch keine andere Ausbildung beginnen. Meine Mutter fand eine Berufsfachoberschule mit dem Schwerpunkt Hauswirtschaft für mich. Sie meinte: „Das schad ja nicht! Da lernste was." Eine Schule, auf der man lernt, Haushalt zu führen. Darauf hatte ich keine Lust. Das ist ja so lahm, dachte ich. So uncool. Zwei Jahre lang wirst du niemandem sagen, was du machst. Aber ich konnte auch nicht mit meiner Mutter diskutieren. „Das machst du jetzt." – So ihre Worte. Augen zu und durch, dachte ich damals.

Ich habe ein bisschen Gartenbau gelernt, ich hatte Stoffkunde und kann nähen, ich kann alles Mögliche reinigen. Ich kann alles Erdenkliche kochen. Ich habe in Großküchen und in Altenheimen Praktika gemacht. Kartoffelsalat für 120 Leute – kein Problem für mich. Und ein riesiger Berg Wäsche erschreckt mich auch nicht. Das ist zwar nicht der Traum meiner schlaflosen Nächte, aber ich kann es. Noch heute profitiere ich von dieser Zeit an der „Knödel-Akademie", wie wir Schüler unter uns die Schule immer nannten.

Der frühe Tod meiner Mutter

Einen Tag nach meinem siebzehnten Geburtstag bekam meine Mama ihre Krebsdiagnose. Sie hatte schon länger starken Husten gehabt. Die Ärzte dachten, es muss eine Allergie sein, und haben sie daraufhin untersucht und behandelt. Doch an meinem Geburtstag ging es ihr so schlecht, dass sie sich am Tag darauf selber in die Klinik eingewiesen hat. Das Röntgenbild zeigte über drei Liter Wassereinlagerung in der Lunge. Das wurde abgepumpt und die nächsten Tage weitere diagnostische Untersuchungen vorgenommen. Es stellte sich heraus, dass sie einen ziemlich großen Lungentumor hatte. Außerdem war der Krebs bösartig. Es ging sehr schnell. Im Oktober wurde der Tumor entdeckt, dann hat sie sich sofort einer starken Therapie unterzogen. Diese musste allerdings unterbrochen werden, da sie sich im Krankenhaus eine Lungenentzündung eingefangen hatte. Als es dann wieder weitergehen sollte – kurz vor Weihnachten –, war es leider zu spät. Sie hatte Metastasen in den Knochen, man hat Einblutungen unter ihrer Haut gesehen. Es war zu spät. Und sie wusste das als Krankenschwester. Zusammen mit meinem Vater entschied sie, zu Hause sterben zu wollen. Aber wer sollte sie in der Zeit zu Hause begleiten? Meine Schwester absolvierte zu dem Zeitpunkt eine Krankenschwesterausbildung in Erlangen und mein Bruder hat auch weiter weg studiert. Mein Vater leitete eine Schule. Also haben wir im Familienrat gemeinsam überlegt und sind zu dem Schluss gekommen, dass ich mich um sie kümmern sollte. Für mich war es am einfachsten, für eine Zeit zu Hause zu bleiben. Und schließlich wollte ich sie ja auch pflegen. In unserem Wohnzimmer wurde ein Krankenbett aufgestellt und ich wurde angeleitet, wie und wann ich ihr Morphin verabreichen sollte. Tagsüber waren beide Omas bei uns und haben geholfen. Und dann kam die erste und einzige Nacht, in der ich mit Mama alleine war. Die Schmerzen wurden immer schlimmer. Stunde für Stunde.

Gegen zwei Uhr morgens waren die Schmerzen so heftig, dass ich sie fragte: „Mama, soll ich für dich beten?“ Sie konnte nicht richtig antworten. Sie hauchte ein leises „Ja“. Sie so leiden zu sehen, war für mich kaum zu ertragen. Und deswegen habe ich gebetet, dass Gott sie schnell zu sich holt. Es war für mich sehr wichtig, dass wir diese schweren Stunden zusammen hatten. Ich wollte nicht, dass sie geht. Aber gleichzeitig habe ich ihr Leiden gesehen. Die Arme waren ganz dünn abgemagert, der ganze Körper war abgemagert, ihr Bauch war aber voll mit Wasser – als wäre sie im siebten Monat schwanger. Die Schmerzen haben sie gequält. Ich wollte, dass sie erlöst wird, und mit aller Kraft bestätigte sie das Gebet, indem sie immer wieder „Amen" hauchte. Amen. Amen. Mir wurde klar, meine Mutter hält sich an Gott fest, und gleichzeitig hatte ich die Erkenntnis: Der Tod ist nicht immer nur furchtbar, sondern er ist auch manchmal eine Erlösung. Sie hatte mir vorher schon mal gesagt: „Bine, das Einzige, was mir leidtut, wenn ich gehe, ist, dass ich nicht mehr bei euch bin. Ich gehe nach Hause. Und dann bin ich zu Hause. Mein Leiden wird weg sein." Der Tod als Erlösung – das habe ich bei diesem Gebet verstanden.

Die ganze Nacht war Mama unruhig. Erst gegen sieben Uhr morgens wurde sie ruhiger. Ich ging in den Keller, um einen Saft zu holen. Und als ich wieder hochkam, schnaufte sie, aber auf eine Art und Weise, wie ich es noch nie gehört hatte. Sie atmete immer flacher, dann kam eine Pause, dann wurde die Atmung wieder stärker. Heute weiß ich, dass das Cheyne-Stokesche-Atmung heißt und dass das die letzten Atemzüge vor dem Tod sind. Die Atmung wird immer flacher, die Abstände werden immer größer. Ich habe meine beiden Omas, die in der Wohnung unten waren, zu uns gerufen. Wir stellten uns um Mamas Bett und beteten alle drei abwechselnd, bis meine Mutter zum letzten Mal Sauerstoff in ihre Lunge sog und dann ausstieß. Das hört sich jetzt seltsam an, aber trotz des wahnsinnigen Schmerzes war ich dankbar. Ihr Leiden hatte ein Ende. Jetzt war sie frei.

Und dann war noch diese Nacht – die erste Nacht nach Mamas Tod. Weil alles so ungeahnt schnell ging, waren Annette und Matthias, meine Geschwister, noch auf dem Weg nach Hause. Ich habe mich so einsam gefühlt. Als wir drei noch kleiner waren, sind wir bei Gewitter immer zu Annette ins Bett gekrabbelt, erzählten uns Geschichten und fühlten uns stark zu dritt. Also legte ich mich in dieser Nacht in Annettes Bett, um nicht alleine zu sein und Trost zu finden. Ich zog mir ihre Decke über die Schultern, war aber trotzdem allein und habe geheult. Dann spürte ich plötzlich, wie jemand die Hand auf meine Schulter legte und sagte: „Mein Kind." Aber es war ja keiner da. Ich spürte, dass das Gott war, der mich tröstete. In den nächsten Tagen, als wir als Familie die Beerdigung organisierten, Freunde und Verwandte benachrichtigten, Blumen bestellten, Behörden informierten – immer wenn ich das Gefühl hatte, es wird mir alles zu viel, habe ich die Hand auf meiner Schulter gespürt und die Stimme gehört: „Mein Kind." Das hat mir die Sicherheit gegeben, die Gewissheit, dass ich nicht alleine war.

Weg von zu Hause – weg von Gott

Ich war achtzehn Jahre alt – meine Mutter war vor acht Monaten gestorben –, als für mich die Zeit kam, von zu Hause auszuziehen. Ich hatte Creußen noch nie für längere Zeit verlassen. Meine Kindheit war voller schöner Erinnerungen. Liebe gab es in diesem Haus genug. Aber nicht alles war rosig. „Was du machen kannst, mach!", hat eben auch eine Kehrseite. Wir konnten nicht so einfach Nein sagen oder: „Das mache ich jetzt nicht. Darauf habe ich keine Lust." Das waren Sätze, die bei uns zu Hause selten fielen und erst recht nicht, wenn es um das Engagement in der Kirchengemeinde und in der Landeskirchlichen Gemeinschaft (LKG) ging.

Der Glaube, Gott, die Kirchengemeinde und die LKG spielten bei uns in der Familie eine wichtige Rolle. Montagabends war Chor oder Gebetsstunde, Dienstag Kinderstunde, Donnerstag Teeniekreis, Freitag Jugendkreis. Am Samstag dann Krankenhaus-Singen oder etwas anderes und am Sonntag Gottesdienst in der Kirche und abends „Stund“ in der LKG. Die Woche war voll mit Gemeindeaktivitäten. Alles für Gott, alles für den Nächsten. Und wenn ich mal nicht wollte – einfach müde war, dann sagte Papa: „Bete, Gott gibt dir die Kraft.“ Ein Nein war kaum möglich. Und wenn ich mal doch meinen Willen bekam, hatte ich gleichzeitig ein schlechtes Gewissen.

Gott war ein Gott, der von mir etwas erwartete. Er wollte, dass ich Leistung brachte. Und Gott war ein Gott der Kontrolle. Sein Blick lag immer auf mir. Ich habe nie wirklich an ihm gezweifelt. Aber ich kam an den Punkt, an dem ich dachte, dass Gott alles tut, um mich in Schach zu halten. Es gibt ein christliches Kinderlied, in dem die Zeile vorkommt: „Pass auf kleine Hand was du tust, denn der Vater immer Himmel schaut herab auf dich.“ Dieses Lied hatte ich ständig im Hinterkopf. In meiner Freizeit, in der Schule, bei den ersten Erfahrungen, die ich mit Jungs gemacht habe. Gott war dabei und hat kontrolliert und oft genug habe ich ihn enttäuscht. Klar, wir haben auch gehört: „Gott ist Liebe. Er macht frei.“ Aber ich habe das nicht gespürt. Ich habe immer gedacht: ‚Ich kann Gott nie gerecht werden.‘ Ich wusste irgendwann nicht mehr, wie ich meinen Glauben leben sollte. Und ich wusste auch nicht, ob ich überhaupt meinen Glauben weiter leben wollte.

Deshalb nutzte ich die Möglichkeit, von zu Hause wegzugehen. Ich wollte dieser Enge entfliehen und mich aus diesem Muster befreien. Ich habe mich mit meinem Papa zwar gut verstanden. Aber ich musste weg. Abgesehen davon: Meine Geschwister waren ja auch schon weg. Das Haus war leer. Und dazu kam noch, dass mich zu Hause alles an die letzte schwere Zeit mit meiner Mutter erinnerte. Ich wollte weit weg. Und so führte mein Weg ins Ruhrgebiet.

Das erste Mal alleine in die weite Welt – nach Oberhausen

Über unsere Landeskirchliche Gemeinschaft hatte ich gehört, dass es irgendwo in Oberhausen ein Krankenhaus geben sollte, in dem auch Schwestern aus unserem Gemeindeverband arbeiteten. Ich kannte das Ruhrgebiet nicht. Ich kannte das Krankenhaus nicht. Ich kannte gar nichts. Ich war jung und ja, auch ein bisschen naiv. Darf man ja sein in diesem Alter. Ich habe mich beworben und sie haben mich genommen. Das war gerade in der Zeit, als der Pflegenotstand ein Thema wurde. Und so bin ich das erste Mal in die weite Welt gezogen. In das Ruhrgebiet.

Bei uns in Franken sagt man immer: „Passd scho." Also: „passt schon." Das kann das größte Kompliment sein oder die größte Beleidigung. Auch wenn es überhaupt nicht passt und dein Gegenüber eigentlich gar nicht einverstanden ist. Wir sagen lieber „passd scho" und vermeiden somit gerne Konflikte. In Oberhausen hingegen nimmt man kein Blatt vor den Mund. Da hörte ich plötzlich: „Ey Bine, ganz ehrlich: Das ist totaler Mist!" Am Anfang meiner Zeit dort bin ich bei dieser Direktheit immer fast tot umgefallen. Aber langsam habe ich mich daran gewöhnt. Plötzlich konnte ich nämlich sein, wer und wie ich war. Und hier in der Ferne war ich auch nicht die Tochter von Herbert Vogel, dem Leiter der LKG, Kirchenvorstand und Schuldirektor. Ich hatte nicht den frommen Stempel, war an keine Normen gebunden und das war sehr gut. Zum ersten Mal keine Kontrolle. Ich stand nicht mehr unter Beobachtung. Partys, Alkohol, Jungs – alles fand viel freier statt. Nicht in Exzessen, einfach nur freier.

Und für alle, die jetzt glauben: Oh, jetzt kommt der Absturz – so krass war es nicht. Ich war immer noch in einem behüteten Umfeld. Es war ein evangelisches Krankenhaus und ich habe dort im Schwesternwohnheim gewohnt. Pflichtbewusst – wie sich das gehört – habe ich eine Gemeinde gesucht und war dort auch aktiv.

Bine, die Soziale I – Vorbilder, Liebe, Pflichterfüllung

„Wenn du helfen kannst, dann hilf!" oder „Hilf einfach." Diesen Satz habe ich nicht in Creußen gelassen. Wie auch? Das sind Worte, die ein Teil von mir sind und sie führen mich immer wieder zu neuen Herausforderungen. Wobei es damals – im Ruhrgebiet – wohl eher die anderen waren, die durch mich herausgefordert wurden.

Während der Ausbildung durchlief ich auch die Drogenentzugsabteilung in der Psychiatrie. Dort kam ich zum ersten Mal mit Drogenabhängigen in Kontakt. Zum ersten Mal sah ich dieses Leid. Mit einer anderen Sabine, die ebenfalls in dieser Abteilung war und in dieselbe Gemeinde ging, kam ich auf die Idee, einen Hauskreis für Drogenabhängige zu gründen. Ganz nach dem Motto: „Wenn du helfen kannst, dann hilf!" Meine Überlegung war: ‚Ich habe die Zeit, ich habe Liebe und die Drogenabhängigen brauchen Menschen, die sie gerne haben. Ich bin Christ und die brauchen Gott, da muss man was machen.' Und was macht man da? Einen Hauskreis gründen. Unsere Gemeinde haben wir damit erst mal total überfordert, denn wir haben die Drogenabhängigen auch mit in den Gottesdienst genommen. Das waren viele nicht gewöhnt. Verzottelte, langhaarigen Heroinabhängige sah man bis zu diesem Tag in dieser Gemeinde nicht. Ich glaube, wir waren nicht ganz fair zu der Gemeinde. Wir hätten sie wenigstens darauf vorbereiten sollen. Auch zur Silvesterfeier haben wir sie mit in den Gottesdienst geschleppt, weil wir dachten: Bevor sie sich irgendwo aus

Feiertagsfrust eine Spritze setzen, sind sie bei uns besser aufgehoben. Wir haben ihnen extra vorher die Haare gewaschen und geschnitten. Das war das einzige Mal in meinem Leben, dass ich jemandem die Haare geschnitten habe, und das letzte Mal. Weil es so schlimm aussah, habe ich das bis heute nie wieder gemacht. Aber das Fest war schön. So konnte ich zum ersten Mal in eine soziale Arbeit hineinschnuppern.

Zurück nach Franken – und weiter weg von Gott

Mein nächster Lebensabschnitt sollte mich von Gott wegführen. Seit meiner Jugend haderte ich ja immer wieder mit meiner christlichen Prägung. Die Fragen, die ich hatte, lösten sich nicht auf. Die Enge des religiösen Umfelds schnürte mir immer wieder die Luft ab. Im Ruhrgebiet lebte ich etwas befreit davon. Aber mein Weg führte zurück. Als ich die Ausbildung abgeschlossen hatte, hieß es für mich wieder: zurück nach Franken. Zurück in die Heimat. In Oberhausen hatten sie mir gesagt, dass man dort, wo man die Ausbildung macht, immer irgendwie die Auszubildende bleibt, ein Aufstieg sei selten möglich. Ich fand eine Stelle in Bayreuth. Das war der zweite Kulturschock. Oberhausen war weltoffen, total ehrlich, gnadenlos. Den schwarzen Humor habe ich dort aufgeschnappt und lieben gelernt. Jetzt war ich wieder zu Hause. Dort, wo man immer alles so macht, wie man es eh schon gemacht hat. Dort, wo man immer „passd scho!" sagt, auch wenn eigentlich nichts passt.

In Bayreuth kam ich in das Kreiskrankenhaus auf die Frühchen-Station. Die Arbeit dort machte mir Spaß. Nur mein Umfeld fühlte sich noch enger an. Ich war wieder in der Heimat und die Enge, aus der ich damals geflohen war, umschloss mich wieder. Ich spürte, dass ich dort nicht lange bleiben konnte.

„Wenn du nicht gehst, gehst du ein", so sagt man es doch. Und so habe ich es dann auch gemacht.

Meine Schwester Annette studierte zu dem Zeitpunkt in Erlangen und ich dachte: Ja, die Stadt hat eine Universität – da ist Leben. Außerdem ist sie durch das Siemens-Werk groß genug. Ein großes Plus war auch, dass ich dort eine Intensivfachweiterbildung machen konnte. Danach wollte ich dann wieder weiterziehen. In Erlangen hat es mir dann aber so gut gefallen, dass ich am Ende 17 Jahre dort geblieben bin.

Mit 23 Jahren bin ich nach Erlangen gekommen. Die Fachweiterbildung lief gut. Auf Station waren wir eine tolle Truppe. Nur mit einem Bereich meines Lebens hatte ich noch zu kämpfen: mit meinem Glauben. Ich hatte in den letzten Jahren gemerkt, dass vieles, was mir als Kind beigebracht worden war, gar nicht stimmte oder ich es einfach nicht verstand. Ich habe mich damit nicht wohlgefühlt. Episoden aus meiner Kindheit kamen immer wieder hoch.

Annette, Matthias und ich mochten uns wirklich gerne, aber wir waren alle drei ganz schöne Temperamentsbolzen und konnten uns heftig fetzen. Nach einem solchen heftigen Streit durften wir nicht ins Bett, wenn wir uns nicht vorher versöhnten. So saßen wir im Schlafanzug mit geputzten Zähnen und verschränkten Armen am Tisch, und zwar so lange, bis der Erste aufgab und sich entschuldigte. Aber: Es musste auch ernst gemeint sein, sonst saßen wir dort länger. Einer der Sätze, die dann immer wieder fielen, war: „Pass auf, dass du nicht zu den fünf törichten Jungfrauen gehörst. Wenn Jesus heute Nacht kommt, und ihr seid nicht bereit, seid ihr nicht bei den Erlösten." Eine Anspielung auf ein Gleichnis aus der Bibel. (Matthäus 25)

Auf der einen Seite war es gut, dass ich gelernt habe, mich zu entschuldigen. Das kann ich auch heute noch. Aber auf der anderen Seite war es Druck. Mein Vater hat das alles nicht böse gemeint, aber wenn du mit „Pass auf, kleine Hand" auf der einen Seite und den fünf törichten Jungfrauen auf der anderen Seite aufwächst, verfestigt sich der Gedanke: „Du reichst nicht, du bist nicht gut genug." Als Kind machst du das mit. Doch irgendwann erdrückt dich das. So war es zumindest bei mir. Ich war erwachsen, stand auf eigenen Füßen und lernte Leute kennen, die nicht mit Gott lebten und die trotzdem – so dachte ich – glücklicher waren als ich. Was sie in aller Freiheit machten, war mir nicht erlaubt. Und falls ich es doch gemacht habe, hatte ich hinterher ein richtig schlechtes Gewissen.

Als ich nach Erlangen kam, hatte ich einen Freund. Ich wollte mit ihm mehr, ich wollte Intimität. Aber im Hinterkopf war die Gemeinde – war Gott –, der mich mit einem enttäuschten Gesicht anschaute. Und dann das Lied „Pass auf, kleine Hand, was du tust" – was für ein Fluch. Ich konnte unsere Freundschaft nicht genießen. Das hat mich gequält.

Irgendwann hatte ich eine Unterhaltung mit Friedemann, dem Verlobten meiner Schwester – heute mein Schwager. Er kam auch aus christlichen Kreisen und sah, wie ich kämpfte. Er sagte einen Satz, den ich noch heute mit mir trage: „Weißt du, Bine, es heißt Evangelium. Und das bedeutet ‚Frohe Botschaft', nicht ‚Wie quäle ich meine Kinder'. Und wenn dich das so belastet, glaube ich, dass es Gott lieber ist, wenn du ohne ihn lebst." An diesem Abend bin ich aus Friedemanns Studentenbude raus und bin vor Freude nach Hause gehüpft: „Ich kann es lassen! Ich kann es einfach lassen!", habe ich hüpfend vor mich hin gesungen. Und es ging mir so gut dabei. Ich dachte jetzt nicht, dass es keinen Gott gäbe. Es war viel mehr das Gefühl, dass ich mit diesem Gott nicht glücklich sein kann. Die Regeln, die er mir vorschreibt, und die Heiligkeit, die er von mir abverlangt, sind nicht zu erreichen. Er wird immer auf mich runterschauen und verzweifelnd die Augen verdrehen. Es war eine bewusste Entscheidung: „Gott, wenn du mich eh nur quälst, mich aber nicht zwingen kannst, dann lass ich es jetzt mit dir."

Ich habe mit Gott nicht von einem Tag auf den anderen gebrochen. Ich bin weiter in den Hauskreis gegangen, bin ab und zu noch in die Gottesdienste gegangen. Ich habe es zu Hause auch nicht angesprochen, habe nie gesagt: „Ich lebe nicht mehr mit Gott." Aber allmählich wurden die Gemeindeaktivitäten weniger, bis ich irgendwann gar nicht mehr hingegangen bin. Ich wollte fröhlich sein, Sachen ausprobieren, wie die anderen. Ich wollte das, was junge Menschen wollen: etwas erleben, leben. Und das habe ich auch gemacht. Ich bin froh darüber, dass ich es gemacht habe und dass mich Gott trotzdem in einigen Situationen bewahrt hat.

Bine, die Soziale II – ohne Gott im Kosovokrieg

Als ich mich von Gott entfernt habe, arbeitete ich gerade ehrenamtlich in einem Dritte-Welt-Laden. In demselben Gebäude, unten im Keller, hatten auch Attac und Amnesty International ein Büro. Ich wurde immer mehr in dieser Szene aktiv. Neben meiner Arbeit als Kinderintensivschwester schlug weiter das soziale Herz in mir. Ich konnte mir auch vorstellen, noch mal die Richtung zu wechseln – vielleicht soziale Arbeit. Ich dachte: ‚Dir geht es gut. Du bist dankbar – mit und ohne Gott. Und du gibst davon einfach ab. Wenn du helfen kannst, dann hilf.' Das hatte ich ja zur Genüge verinnerlicht.

Und dann – das war Ende der 1990er – während des Kosovo-Krieges bin ich mit einer kleinen Hilfsorganisation über Italien, Brindisi nach Albanien übergesetzt. Wir wollten helfen. Ich war mit zwei Linksradikalen unterwegs. Beide hatten die ganze Zeit eine Zigarette im Mund. Im LKW auf engstem Raum, alles verqualmt. Am Anfang dachte ich, das überlebe ich nicht vier Wochen lang. Rene war aus der Amsterdamer Hausbesetzer-Szene und Andi war aus der Potsdamer Hausbesetzer-Szene. Und ich war ein braves Mädchen aus christlichem Hause. Irrwitzigerweise verstanden wir uns vom ersten Moment an prächtig.

Als wir in Albanien ankamen, war ich erst einmal schockiert. Das Land ist nur zwei Flugstunden von München entfernt, trotzdem hatte ich damals das Gefühl, in einem Entwicklungsland zu sein. Da lag die Kacke auf der Straße. Ich habe noch nie in meinem Leben so viel Müll gesehen und so viele Kinder, die im Müll lebten. Überall im Lande patrouillierte die UCK – die kosovarisch-albanische Befreiungsarmee. Die waren zwar sehr freundlich zu uns, aber diese ganzen schwer bewaffneten Soldaten, die Kalaschnikows auf den Armen, schüchterten mich sehr ein. So etwas kannte ich nicht. Rene und Andi, die einige Erfahrungen mit solchen Gefahrensituationen hatten, passten auf mich auf. Ich bin dann einfach stehengeblieben und habe mir die Szenen angeguckt. Und einer der beiden zog mich dann wieder aus meiner ungläubigen Starre. „Komm jetzt. Weg hier. Guck mal, wie die dich anschauen." Die beiden haben mir wirklich geholfen. Gott – obgleich ich in dieser Zeit nicht mit ihm unterwegs sein wollte – hat mir zwei linke Hausbesetzertypen, die nichts von ihm hielten, zur Seite gestellt, um mich zu schützen. So sehe ich das heute. Wir sind in Gottes Hand und Gott nutzt, wen er will, wenn er was will. Und auch das war wieder eine Vorbereitung auf das, was ich Jahre später in Peru erleben sollte.

Nah der Grenze zum Kosovo haben wir in einem Flüchtlingsheim Lebensmittel, Decken und Medizin verteilt. Als Krankenschwester habe ich unzählige kaputte Füße und offene Wunden verbunden. Das Flüchtlingslager war eine alte, ausgebombte Fabrik. Auf dem Gelände waren rund 4000 Menschen, Männer und Frauen. Und die Hälfte dieser Frauen war in dem Alter, in dem sie Menstruation hatten. Sie hatten aber keine sanitären Hilfsmittel. Es war Elend pur. In dem Lager hat's gestunken. Kein Wunder – bei 4000 Menschen. Ich habe Andi und Rene mit ihrem Zigarettenqualm in diesem Moment wirklich zu schätzen gelernt. Der Rauch, der mich zuvor so genervt hat, hat den Gestank einigermaßen aushaltbar gemacht.

Wir haben uns im Team super verstanden. Das Erlebnis hat uns zusammengeschweißt. Vier Wochen waren wir dort unten. Es war sehr hart, aber auch ein geniales Erlebnis. Und dann, auf der Fähre zurück nach Italien, brach alles in mir zusammen. Es war eine Touristenfähre. Wir lagen auf dem Deck und haben uns gesonnt und ich habe das nicht in mein Hirn gekriegt, dass zwei Stunden entfernt von uns Menschen umgebracht wurden und wir Richtung Italien unterwegs waren, Musik im Hintergrund lief und alles wieder heil schien. Ich spürte, wie Aggressionen über das Erlebte und über die Gleichgültigkeit im restlichen Europa in mir aufkamen. Ich habe das anfangs gar nicht verstanden. Da war viel Wut, die rausmusste. Und ich habe mit Gott gerungen. Wie konnte er das nur zulassen?

Wie konnte er zulassen, dass Muslime um ihr Leben fürchten mussten und zum Teil regelrecht abgeschlachtet wurden, weil die christliche Bevölkerung entschieden hatte, dass sie keine Muslime im Land haben wollten. Und wer es doch aus dem Kosovo herausschaffte, landete unter elenden Bedingungen in Flüchtlingsunterkünften und teilte dann mit uns – obwohl sie kaum etwas hatten – ihren wenigen Kaffee. Welcher Gott lässt das zu?

Was mich an den Muslimen wirklich beeindruckte, war ihre Freundlichkeit und Dankbarkeit. Sie hatten wirklich nicht viel und teilten trotzdem ihr bisschen Kaffee mit uns.

An der Uniklinik in Erlangen hatten wir im Team einen Psychologen. Er hatte mitbekommen, dass es mir nach diesem Einsatz nicht so gut ging. Eines Tages fragte er mich, ob ich Musik hören würde. Als ich das bejahte, brachte er mir ein Album von den ‚Toten Hosen' mit. Bis dahin war ich ja eher nur christliche Musik gewöhnt. Punk kam in mein Leben und ich konnte mit den ‚Hosen' schreiend meine Aggressionen abbauen. Das half gut! Das war ein Ventil und es hat wirklich funktioniert.

Gott wird man nie ganz los oder: Oh Gott, wo bist du?

Gott, wo bist du? Wie kannst du das zulassen? Ich habe nicht nur nach meinen Erlebnissen in Albanien, während des Kosovo-Kriegs, mit Gott gerungen. Auch im Alltag, hier in Deutschland, kam er mir ab und an in die Quere. Ich habe nicht mit ihm gelebt. Die christliche Prägung wird man allerdings nicht einfach los – die ganzen unerhörten Gebete, das vergisst man nicht. Und ja, auch Leute, die gar nicht wussten, dass ich nicht mehr glaubte, haben mich immer wieder daran erinnert.

Ich arbeitete auf der Kinderintensivstation und dort sah man jeden Tag Hoffnungslosigkeit. Manche Kinder haben wir mehrfach reanimiert und dann wurden sie doch schwerstbehindert. Oder sie starben. Ich beobachtete Eltern, die ein Kind verloren. Wo war Gott in diesen Situationen? Eltern, die Tage, Wochen, Monate um ihr Kind bangten. Ehen gingen deswegen kaputt, Familien brachen auseinander. – Vater, hast du das gesehen? Wo bist du?

Wir hatten Frühchen, die wogen 300, 400 Gramm. Wir hatten Frühchen, die mussten wir dreimal, viermal, fünfmal operieren, weil der Darm nicht mitgemacht hat. Sie hatten kein

Unterhautfettgewebe. Sie hatten fast keine Haut und das, was an Haut da war, löste sich bei der leichtesten Berührung. Wir mussten im Inkubator die Luftfeuchtigkeit hoch halten, damit diese dünne Haut überhaupt bestehen konnte. Aber Feuchtigkeit wiederum machte sie anfälliger für eine Pilzinfektion. Diese jungen Menschen haben in ihrem kurzen Leben schon so viel gelitten. Wo war Gott da?

Je länger ich ohne Gott lebte, desto ratloser wurde ich in diesem Punkt. Allerdings habe ich meine Abstinenz von Gott nicht an die große Glocke gehängt – auch nicht bei der Arbeit. Auf Station dachten die Kollegen weiterhin, ich sei noch Christin. Und deswegen wurde ich gerufen, wenn ein Kind notgetauft werden musste. Nottaufen finden statt, wenn klar ist, dass das Kind bald stirbt und keine Zeit mehr da ist, den Pastor oder den Seelsorger kommen zu lassen. Vor allem für viele katholische Eltern ist das oft ein Trost. Ich selbst habe nicht geglaubt, dass das für Gott wichtig ist, damit ein Kind in den Himmel kommt. Aber wer bin ich, dass ich leidenden Eltern diesen wichtigen Notanker verwehre. „Lasst das die Bine machen. Die glaubt da wenigstens dran." Wenn die nur wüssten, dachte ich. Aber trotzdem habe ich die Kinder getauft und oft habe ich ihnen meinen Taufspruch mitgegeben. 5. Mose 31, 8: „Der Herr selbst wird vor dir herziehen und wird mit dir sein. Er lässt dich weder fallen noch verlässt er dich. Deshalb fürchte dich nicht und hab keine Angst." Zu wissen, dass ihr Kind nicht allein weggeht, sondern dass jemand da ist, hat vielen Hoffnung gegeben.

Wenn ein Kind dann gestorben war, blieb ich noch bei den Eltern und ihrem toten Kind, bis der Bestatter kam. In diesen Jahren begann man damit, die Eltern in das Sterben des Kindes mehr mit einzubeziehen. Ich fand das eine wichtige Entwicklung, denn viele Eltern sahen ihr Kind, konnten aber vor lauter Technik die Würde dieses kleinen Menschen gar nicht sehen. Sie sahen nur, wie es litt. Alles zwickte und piepste und pfiff – überall war eine Kanüle drin. Tubus im linken Nasenloch, Magensonde im rechten. Da ein Katheter, hier ein Katheter. Und ab der Geburt ging oft alles so schnell, dass Eltern dieses Baby – ihr Kind – gar nicht richtig begrüßen konnten.

Indem wir zusammen alle Kanülen, Katheter und Sonden rauszogen, die Eltern, wenn sie es wollten, auch ihr Kind waschen durften, sich es genau anschauten und vielleicht Ähnlichkeiten mit sich selbst entdeckten, konnten sie es begrüßen. Sie konnten es in den Armen halten und anziehen. Auch wenn das Baby schon gestorben war. Und oft war es das erste Mal, dass Eltern das Kind in Frieden sahen. Nicht leiden sahen. So fiel das Loslassen leichter. Ähnlich wie beim Tod meiner Mutter. Ich habe noch ihr Leiden am Ende, in diesem Krankenbett bei uns zuhause, vor Augen. Und dann, als die Atmung immer langsamer wurde und schließlich ganz aufhörte, war es im ersten Moment auch eine Erleichterung. Es war Friede. Der Tod kam als Freund. Das tröstete mich. Und das versuchte ich auch den Eltern weiterzugeben.

Das waren dann jedoch auch jene Situationen, in denen ich mich persönlich dann doch mit Ihm – mit Gott – auseinandersetzen musste. In denen ich mit ihm kämpfen musste. „Ich verstehe dich nicht. Was machst du? Wo bist du? Warum lässt du Kinder leiden?“ Gott war in meinem Alltag nicht da. Ich habe ihn bewusst ausgeblendet. Aber trotzdem war er da, sehr ambivalent. Erst Ende der 1990er sollte sich an dieser Beziehung etwas ändern.

Kapitel 2

Gott – ein neues Kennenlernen

Das Auto, die Kollegin und Gott

Die Zeit ohne Gott war wichtig für mich. Einfach, um neu zu ihm kommen zu können, und ihn neu kennenlernen zu können. Aus heutiger Sicht weiß ich natürlich, dass er immer da war. Und ich habe ihn auch nicht geleugnet. Ich habe einfach nicht mit ihm gelebt.

Kurz bevor ich 30 wurde, sollte es in dieser Abteilung meines Lebens wieder eine Veränderung geben. Das war im Jahr 1999. Damals hatte ich ein Auto. Und wer Erlangen kennt, weiß, dass Erlangen eine Fahrradstadt ist und man einfach kein Auto braucht. Außerdem wurde die Kiste älter und die Reparaturen häuften sich. Ich steckte mehr hinein, als das, was ich herausbekam. In der Klinik hatten wir ein Schwarzes Brett und da habe ich einen Aushang gemacht. Ich wollte das Auto verkaufen. Und tatsächlich, jemand hatte Interesse. Eine Kinderkrankenschwester, die ich bis dahin nur vom Sehen kannte. Sie kam zu mir, hat sich das Auto angeschaut und anschließend haben wir noch einen Kaffee getrunken. Ich war neugierig und deswegen fragte ich: „Jetzt sag mal, ganz ehrlich. Ich bin ja froh, wenn du mein Auto kaufst, aber in Erlangen braucht man kein Auto. Genau deswegen verkaufe ich es." Das war der Moment, in dem ihre Augen angefangen haben zu leuchten. Sie sagte: „Ich bin so ein fauler Hund. Ich bin Christin. Und wenn ich vom Frühdienst todmüde bin, dann gehe ich abends in keinen Hauskreis mehr oder in eine andere Gemeindeveranstaltung. Ich komme einfach nicht vom Sofa hoch. Und dann habe ich gedacht, das muss jetzt aufhören. Wenn du dich schon nicht besser im Griff hast, dann kaufst du dir jetzt ein Auto, damit du wieder mehr in die Gemeinde gehst." Und sie hat dann noch mit so einer Liebe von Gott gesprochen, das war ganz anders als das, was ich in meiner Erinnerung hatte. Für mich war Christsein ja eher mit Druck verbunden. Bei ihr sah ich etwas anderes und aus Neugier fragte ich sie, ob ich mal mit in ihren Hauskreis kommen dürfte. Ihre Antwort darauf erstaunte mich: „Ich frag die anderen mal. Ich sag dann Bescheid. Ich habe ja deine Telefonnummer."

Mit dieser Antwort hatte ich nicht gerechnet, denn eigentlich war ich es gewohnt, dass sobald jemand nur im Geringsten Interesse am Glauben äußerte, engagierte Christen sofort alle Register ziehen würden. Von der Einladung zum nächsten Gottesdienst, oder zum nächsten Konzert der Lobpreisband, bis hin zur Wegbeschreibung zur nächsten ‚lebendigen' Gemeinde – man lässt keine Chance aus, den suchenden Menschen auf den richtigen Weg zu bringen. Diese zögernde Antwort der Autokäuferin irritierte mich. Ich dachte: Die muss mich doch begeistert an Land ziehen und glücklich darüber sein. Aber ihre unerwartete Reaktion machte mich auch irgendwie neugierig.

Einige Tage später rief sie mich an. Sie hatte mit den anderen gesprochen und scheinbar war es für alle in Ordnung, dass ich dazukomme. Nach diesem Anruf habe ich mich hingesetzt und ein ziemlich deutliches Gespräch mit Gott geführt: „Also, dass du es weißt: Das ist jetzt deine letzte Chance. Ich werde 30. Ich habe jetzt 30 Jahre versucht, irgendwie einen Weg mit dir zu finden. Und entweder, ich gehe da morgen Abend hin und du überzeugst mich. Oder wir zwei sind total fertig miteinander." Ganz schön dreist von mir, aber Gott in seiner Liebe verträgt eine ganze Menge, das weiß ich heute.

Am nächsten Tag stand Claudia vor meiner Tür, mit meinem alten Auto, das jetzt ihr neues, altes Auto war. Solch einen Hauskreis hatte ich noch nie erlebt. Ich war 29 Jahre alt. Sie war mit Mitte 30 die Jüngste, der Älteste war Heinz und Heinz war 79. Und dazwischen war alles da an Alter und auch alles an sozialer Prägung. Wir hatten eine Therapeutin, eine tolle Frau und sehr charismatisch, à la wir tanzen unsere Sünden vor dem Herrn weg. Es waren aber auch sehr konservative Menschen dabei. Das war so ein bunt gemischter Haufen und mittendrin war ich. Gleich am ersten Abend habe ich gemerkt: So unterschiedlich sie auch sind, lieben sie sich doch alle, weil sie ihren Gott lieben. Aber nicht auf irgendeine geistliche Weise – einer Ebene, die nur Kennern und Gläubigen zugänglich ist –, sondern ganz authentisch, ganz real. Und sie haben mich nicht gedrängt. Sie haben mich willkommen geheißen und angenommen, wie ich bin. Mir wurden keine komischen Fragen gestellt und auch keine Vorschläge unterbreitet. Sie haben ihr Ding gemacht und ich durfte Teil davon sein.

An diesem Abend bin ich nach Hause gegangen und ich hatte so einen Hunger nach diesem Gott. Das war, als hätte er – Gott selber – in mir einen Schalter umgelegt. Am nächsten Tag bin ich zu Helga – meiner Stationsleitung – gegangen und habe um eine Dienstplanänderung gebeten. Ich wollte gerne, dass sie mich jeden Mittwoch in den Frühdienst einteilte oder mir ganz frei gab. Denn jetzt hatte ich ja kein Auto mehr und ich wollte rechtzeitig in den Hauskreis kommen. So sehr hatte ich dieses Bedürfnis.

Zwei Jahre lang bin ich in diesen Hauskreis gegangen. Zwei Jahre lang durfte ich Gott neu kennenlernen. Und in dieser ganzen Zeit fragten sie mich nicht ein Mal, ob ich mit in den Gottesdienst gehen wollte. Sie haben es nicht mal angedeutet. Ich konnte alle meine Fragen dort abladen – mein Gedankenchaos hat sie nicht abgeschreckt. Was ich anders sah, was ich anders beigebracht bekommen habe – ich habe im Hauskreis alles erzählen können, ohne irgendwie dafür verurteilt zu werden. Es kam keine blöde Antwort und ich wurde nicht von oben herab behandelt. Im Gegenteil, sie hatten Interesse an meiner Sicht der Dinge, meiner Erfahrung. Wenn ich etwas wissen wollte, kam oft ein: „Oh wie interessant. Lass uns mal in der Bibel nachschauen." Sie hatten keine pauschalen Antworten – keine Formeln, wie ich das so kannte. Und bei allem, was wir besprachen, spürte ich diese Liebe, die sie untereinander und auch mir gegenüber hatten. Und wir haben oft und herzlich über vieles gelacht. Mich hat begeistert, wie sie ihren Glauben lebten. Jeder und jede von ihnen hatte auf die eigene Art und Weise eine ganz nahe Beziehung zu Gott. Sie hatten aber keine Angst in dieser Beziehung. Was sie gemacht haben, haben sie gemacht, weil sie ihren Gott lieb hatten. Wenn sie sich an das hielten, was in der Bibel stand, dann deshalb, weil sie ihm vertrauten und wussten, dass er es auch dann gut mit ihnen meinte, wenn er ihnen Grenzen setzte. Und wenn sie mal an einem Sonntag gemerkt haben, dass sie müde waren, dann blieben sie mit Begeisterung daheim und wussten, dass das vor Gott völlig in Ordnung war. Das kannte ich nicht. Aber ich fand es cool.

Nach zwei Jahren habe ich dann mal gefragt: „Hört mal, ganz ehrlich. Wollt ihr mich nicht mal in den Gottesdienst einladen? Ich finde das komisch. Warum habt ihr es noch nicht einmal versucht?" Und dann hat eine lachend gesagt: „Halleluja, wir dachten schon, du fragst nie. Wir dachten, du bist in deinem Leben geistlich so bedrängt worden. Wir wollten dir die Zeit lassen, und wenn du dann irgendwann willst, kommst du schon von selbst." Diese Antwort war so liebevoll. Sie haben mein inneres Ringen gesehen. Sie haben wahrgenommen, dass ich Zeit und Freiheit brauchte. Sie haben gewartet, bis ich so weit war.

So bin ich wieder zurück in eine Kirchengemeinde gekommen – die Elia-Gemeinde in Erlangen. Das Faszinierende an dieser Gruppe von Menschen war, dass sie wirklich das Pauluswort gelebt haben: „Wir dürfen alles. Aber es dient uns nicht alles." Das ist Freiheit! Und das ist Liebe! Zum ersten Mal habe ich erlebt, dass die Liebe im Mittelpunkt stand. Ich habe verstanden, dass es bei Gott nicht darum geht, was ich alles darf und was nicht. Es ist die Liebe, die zählt, und die Beziehung, die daraus wächst. Es ist nicht das Gesetz. Es ist nicht: „Pass auf, kleine Hand, was du tust." Es sind nicht die Zehn Gebote, die ich penibel einhalten muss. Es ist auch nicht die Angst davor, eine „törichte Jungfrau" zu sein, die mich zu einer guten Christin macht. Das alles bringt mir keine Punkte bei Gott. Sondern er sandte seinen einzigen Sohn, weil er MICH so liebt! Die Liebe steht an erster Stelle. Liebe ist der Mittelpunkt. Alles andere mache ich, weil er mich liebt und weil ich ihm deshalb vertraue, dass seine Regeln das Beste für mich sind. Ich bin geliebt. Gott liebt mich, ohne dass ich etwas dafür tue. Das habe ich in dieser Gemeinde verstanden. Das war auch mein ‚Aha-Erlebnis': Erkennen zu dürfen, dass Gott mich liebt. Ganz gleich, was ich mache. Ganz gleich, was ich gemacht habe. Und ganz gleich, was ich noch alles machen werde. Und wenn ich noch so viel Mist baue, er liebt mich so, wie ich bin. Ich bin mir sicher, dass ich in meiner Kindheit auch oft den Satz gehört habe: „Gott liebt dich!" Aber das habe ich nicht gespürt. Ich habe nur „gewusst", dass ich nicht genüge. Jetzt hatte ich diesen Satz verstanden. Oder ich hatte begonnen, ein Bruchstück davon zu verstehen, was es mit dieser Liebe auf sich hat.

Diese Liebe Gottes ist das Fundament für alles Weitere, was in meinem Leben folgen sollte. Seitdem ich weiß, dass ich bedingungslos geliebt bin, finde ich es genial, dass ich diese Liebe weitergeben darf.

Kapitel 3

Auf zu neuen Ufern

Es beginnt in Bayern

„Liebe deinen Nächsten wie dich selbst." So steht es in der Bibel. Wichtig ist dabei die Reihenfolge: Zuerst liebt Gott dich. Dann liebst du ihn, dann dich selbst. Und nur wenn das stattfindet, kannst du Liebe weitergeben – ohne dass es dich stresst und ohne dass es dich auslaugt. Sich selbst geliebt zu wissen ist eine Voraussetzung, um andere zu lieben. Und das war jetzt bei mir der Fall. Ich stand noch ganz am Anfang, denn sich selbst lieben zu lernen ist eine Reise, die vermutlich das ganze Leben lang geht. Immer neue Facetten kommen hinzu und alte Muster schleichen sich ungebeten in die Gedanken hinein, aber die Grundgewissheit war da: Gott liebt mich!

Unter dieser Prämisse konnte ich den Satz ‚Wenn du helfen kannst, dann hilf!' für mich ganz neu bewerten. Jetzt war die Bahn frei für die nächste Herausforderung, die mich schließlich in die Anden Perus führen sollte.

Bevor ich meine „Weg-von-Gott-Phase" hatte, wollte ich schon mal in die Mission. Helfen wollte ich ja nicht erst jetzt. Diese Gedanken kamen nun wieder. Ich sagte zu mir: „Es wird Zeit, dass du anpackst und losläufst. Und dass du wirklich etwas machst, mit dem du Gott etwas zurückgeben kannst, für das Tolle, was du erlebt hast." Nur, predigen konnte ich nicht. Ich konnte mich nicht auf eine Bühne stellen und eine Predigt halten. Ich wusste, dass ich praktisch veranlagt war. Ich konnte mit meinen Händen helfen. Als ich wieder Christin war, half ich zum Beispiel auf Jugendfreizeiten mit, die von unserem Verband veranstaltet wurden. Meistens war ich in der Küche. 100 Teens zu bekochen war kein Problem, denn ich war ja gelernte Hauswirtschafterin. Ich habe abends während des Abspüldienstes in der Küche bei einer Schüssel Müsli Seelsorgegespräche geführt und den Helfern die Zecken rausgezogen. So habe ich Menschen erreicht. Hätte ich versucht zu predigen, wäre es wahrscheinlich nicht zu tiefen Gesprächen gekommen. So aber saßen wir stundenlang beim Müsli und ich konnte helfen. Die ehrenamtliche Jugendarbeit hat sich nicht nur auf die Freizeiten beschränkt. Die Kontakte blieben auch danach bestehen. Die Teens kamen gerne zu mir nach Hause. Es gab in Erlangen eine Zeit, in der viele Teens und andere Mitarbeiter sogar einen Schlüssel zu meiner Wohnung hatten. Sie wussten, dass sie bei mir immer willkommen waren. Mein Zugang zu Menschen ist meine praktische Arbeit. Ich kann und will für andere da sein. Sie wussten: „Bei Bine kann man gut eine Bleibe finden und sich treffen." Über die ganz praktische Arbeit einen Zugang und Beziehung zu Menschen zu finden ist einfach genial. Deshalb dachte ich schon immer, es wäre doch schön, wenn ich mit meinen normalen Gaben und mit meinem Wissen, also als Kinderkrankenschwester, Intensivschwester, oder mit einem offenen Haus und Ohr und Gastfreundschaft helfen könnte, Menschen Gottes Liebe näherzubringen. Ich habe mir verschiedene Projekte angeschaut, habe mir Vorträge darüber angehört. Aber ich kam immer wieder zurück und dachte: Das ist nicht das, was ich suchte. Vielleicht wusste ich auch nicht genau, was ich suchte. Und dann fiel mir eine andere Arbeit sozusagen vor die Füße – nicht in Peru, sondern zu Hause in Bayern. Ein wichtiger Baustein für meine spätere Arbeit in den Anden, aber das konnte ich damals noch nicht wissen.

Wenn ich heute auf mein Leben zurückblicke, sehe ich viele Bausteine, die über die Jahre dazugekommen sind. Die meisten dieser Bausteine waren eine Vorbereitung für meine Aufgabe, die ich heute zu erfüllen habe. Das gilt auch für meine Zeit als Seelsorge- und Missbrauchsreferentin im EC Bayern. Hätte mir früher jemand gesagt, dass ich mal Seminare in Therapeutischer Seelsorge belegen werde, hätte ich gesagt: „Was will ich denn mit dem Psycho-Scheiß?" Ich war eine Intensivkrankenschwester. Da kann man oft nicht so viel nachdenken oder in die Tiefe gehen – groß reflektieren. Da muss man ganz schnell eine Situation richtig einschätzen und sofort richtig handeln. Aber dann kam eine Situation, die meine Einstellung dazu und somit auch meine berufliche Zukunft ändern sollte.

Das Thema Missbrauch hatte ich lange nicht auf dem Schirm, bis mir ein Jugendlicher – er war einer von denen, die einen Schlüssel zu meiner Wohnung hatten – von der übergriffigen Erfahrung berichtete, die er durchleben musste. Als er mir zum ersten Mal davon erzählte, war ich überfordert. Ich war bis dahin noch nie persönlich mit Missbrauch in Berührung gekommen. Was sollte ich tun? Ich glaubte ihm. Wie reagiert man in solch einer Situation? Ich blieb ruhig und erinnerte mich an einen Mann – Michael Hübner –, der in der Therapeutischen Seelsorge arbeitete. Ich bin auf seine Internetseite gegangen und habe ihn angerufen. Er hat mir Tipps für die akute Situation gegeben und angeboten, mit dem Jugendlichen zu sprechen. Aber dieser wollte mit keinem Mann sprechen. „Ein Mann hat mir das angetan. Ich will mit keinem Mann darüber reden. Ich rede nur mit dir!" Okay, dachte ich, das wird jetzt kompliziert. Denn ich hatte zu dem Zeitpunkt keine Ahnung von der Thematik. Michael Hübner hat mich dann in den nächsten

Wochen begleitet und angeleitet, bis der Jugendliche bereit war, mit dem Therapeuten selbst zu reden.

Nach diesem Erlebnis fragte mich Michael Hübner, ob ich mir nicht vorstellen könnte, eine Ausbildung in Therapeutischer Seelsorge zu machen, weil ich das so gut gemacht hätte. Meine erste Reaktion war ein deutliches Nein. „Ich und Psycho-Kram? – Niemals!“ Er hat gelacht, hat mir aber trotzdem verschiedene Module der Ausbildung vorgestellt – Kurse und Seminare, die nicht lange dauern sollten. Und dann habe ich tatsächlich ein Seminar dort belegt. Das Thema war „Frühkindliche Erfahrungen und Wahrnehmungen“. Ich fand das Seminar total spannend. Ich war angefixt und so begann ich die Ausbildung zur Therapeutischen Seelsorgerin. In dieser Zeit wurden immer mehr Missbrauchsfälle bekannt und die meisten Sport- und Jugendverbände suchten Seelsorge- und Missbrauchs-Beauftragte. Das Thema bekam die nötige Aufmerksamkeit. Meine beste Freundin Claudi war im Vorstand einer solchen Organisation – dem EC-Verband Bayern, und auch dieser suchte eine Seelsorge- und Missbrauchsreferentin. Sie kamen auf mich zu und boten mir die Stelle an. Ich sagte zu. Zunächst machte ich nur ehrenamtlich Schulungen für EC-Mitarbeiter und hielt Vorträge in Gemeinden. Zusammen mit der Missbrauchsbeauftragten des EC Thüringen haben wir dann Richtlinien erarbeitet für den Umgang mit sexuellem Missbrauch. Die Arbeit wuchs immer weiter, sodass ich irgendwann meine Stelle im Krankenhaus reduzierte und nebenberuflich beim EC-Verband Bayern angestellt wurde. Hauptberuflich war ich mit 65 Prozent Intensivkinderkrankenschwester und die restliche Zeit machte ich Seelsorgearbeit. Ich wusste damals noch nicht, dass das die perfekte Vorbereitung für meine Zeit in Peru sein sollte.

Mir war immer klar: Wenn ich mal in die Mission gehen sollte, dann für ein bis drei Jahre. Und dann wollte ich dort mit meinen Gaben helfen, wo ich gebraucht wurde. Das war meine Idee von Ich-gehe-in-die-Mission. Dass Gott aber schon ganz andere Pläne hatte, konnte ich damals noch nicht ahnen. Heute glaube ich, dass Gott schon seit meiner Kindheit begonnen hat, mich auf das vorzubereiten, was in den nächsten Jahren auf mich zukommen sollte.

Was mich innerlich davon abhielt, weiter nach einer passenden Stelle in der Mission zu suchen, war auch Folgendes: Ich wollte nicht allein ins Ausland. Das war verzwickt, denn auf der einen Seite war da die Sehnsucht loszulaufen, auf der anderen Seite das große Bedürfnis nach Sicherheit. Deshalb wollte ich das auf keinen Fall alleine machen. 2009 war ein großer Willow-Creek-Kongress bei uns in Nürnberg. Ich hatte wie üblich meine Wohnung voll mit Jugendlichen aus ganz Bayern und wir fuhren jeden Tag dorthin. Die Halle war voll, ich weiß nicht mehr, wie viele Tausend Menschen da waren. Wir saßen ganz hinten in der Kurve. Plötzlich flog ein Satz zu mir quer durch den Raum, ganz nach hinten: „Manchmal trauen wir Gott einfach nicht zu, dass er sich wirklich um uns kümmert. Wir denken, wir wissen es besser. Wir verpassen unser Leben und die genialen Dinge, die er für uns bereithält, weil wir denken, dass wir besser wüssten, was wir brauchen. Ist das bei dir so?" Boom! Das war bei mir so. Ich vertraute Gott nicht! Wenn er mir niemanden an die Seite stellte, aber der Wunsch, ins Ausland zu gehen, nicht verschwindet, vielleicht war es dann gar nicht das Beste für mich, mit einem Mann in die Mission zu gehen? – Ich war entlarvt! Heulend lief ich aus der Veranstaltung. Gott, bilde ich mir das gerade ein? Sprichst du zu mir?

Ich wusste, ich musste jetzt zu meiner Schwester fahren. Sie war immer wieder mal so eine Art „Über-Ich-Gewissen“, ein konstruktives Korrektiv für mich. Ich musste ihr diesen Wahnsinns-Gedanken mitteilen, um herauszufinden, ob ich mir da gerade etwas einbildete oder ob wirklich Gott gerade mit mir gesprochen hatte. Ziemlich durcheinander rief ich sie an. „Nette, bist du da? Haben Friedemann und du gerade Zeit? Ich muss jetzt kommen und mit euch sprechen.“ Sie waren zwar verdutzt, aber spürten an meinem Tonfall, dass etwas echt Ernstes bei mir anlag, und ich fuhr auf der Stelle zu ihnen. Unter Tränen erzählte ich, was gerade passiert war, und ich wartete auf einen Kommentar wie: „Jetzt spinnst du schon aweng, Bine, gell?“ oder „Wie um Himmels willen kommst du DA bloß drauf?!“ Aber nichts davon bekam ich zu hören. Annette und Friedemann sahen sich an, grinsten und sagten: „Also, wir wussten schon lange, dass du mal so was Verrücktes für Gott machen wirst. Wir haben dieses Haus hier so gebaut, dass du später, wenn du von wo auch immer zurückkommst, hier in einer Wohnung mit wohnen kannst.“ Sie hatten das Haus schon Jahre zuvor gebaut und mir nicht davon erzählt. Gott hat sie darauf vorbereitet, bevor ich überhaupt eine Idee davon hatte! Krass. Ich war wie vom Blitz getroffen, das hatte ich nicht erwartet. Wieder hatte ich das deutliche Gefühl, dass Gott sich aus seinen Wolken zu mir herunterbeugt, mich angrinst und sagt: „Naaaa? Sorge ich für dich oder etwa nicht?“ Danach war klar: Jetzt mache ich mich auf und suche so lange, bis ich weiß, wo Gott mich haben will. Er sorgt für mich.

Einige Zeit darauf besuchte ich eine Veranstaltung in meiner alten Gemeinde in Creußen. Klaus John, ein Mann, der in den Anden Perus ein Krankenhaus aufgebaut hatte, war als Gast dort. Diospi Suyana hieß das Projekt. Ich hatte schon davon gehört. In den hiesigen Medien war es auch schon bekannt. Mit ihm war ein Ehepaar unterwegs. Der Mann hatte in Peru die Stelle des Intensivpflegers besetzt. Er hat die Intensivpflege dort koordiniert, hat die Neuankömmlinge angeleitet und eingearbeitet. Jetzt war seine Zeit in Peru zu Ende und sie suchten gerade einen Nachfolger oder eine Nachfolgerin. Er sagte dann auch noch, dass es wichtig sei, dass die Person, die die Stelle besetzen sollte, am besten auch eine Kinder-Intensivausbildung haben soll. Er hatte diese Qualifikation nicht und das habe in den letzten Jahren gefehlt. Ich saß in diesem Vortrag und in meinen Gedanken ratterte es: „Bine, das kannst du, Bine, das kannst du auch, das kannst du auch." Und dann sprach er über die Technik, mit der sie in der Klinik arbeiteten: „Wir haben als Beatmungsgeräte den Servo 300 für Erwachsene und den Babylog8000 plus für Kleinkinder." Wahuuuu, genau mit den Geräten arbeiteten wir in Erlangen auch. Vor meinem inneren Auge sah ich eine Checkliste und ich konnte hinter jeden Punkt ein Häkchen setzen.

Ich hatte ja schon eine Zeit lang im EC Bayern im Seelsorge- und Missbrauchs-Bereich gearbeitet. Und dann erzählten sie auf der Bühne, dass es dort in dieser Region Perus viele Frauen und Kinder gab, die unter Missbrauch und Gewalt litten, und dass es für sie keine Hilfsangebote gab.

Konnte es sein, dass in diesem Krankenhaus und in dieser Region genau das gebraucht wurde, was ich gelernt hatte und was ich an Gaben von Gott mitbekommen habe? Meine Gedanken überschlugen sich. Dann kann ich jetzt loslaufen? Den Mann nach dem Vortrag ansprechen? Nägel mit Köpfen machen? Bist du dir sicher, Bine? Jaaaaa! Oder zumindest ja fast. Denn …

… ganz so leicht wollte ich es Gott und auch den Mitarbeitern von Diospi Suyana doch nicht machen. Eine Bedingung hatte ich noch: Ich konnte und wollte das nicht alleine machen. Ich bin einfach ein Beziehungs-Tierchen. Ich kann zu zweit dreimal so viel stemmen wie alleine. Bisher war das immer mein ausschlaggebendes Argument für eine Ablehnung gewesen: Wenn ich alleine ins Ausland gehen soll, dann gehe ich nicht.

Aber dann hörte ich, dass es bei Diospi Suyana 60 weitere Missionare gab. Und ich dachte: „Mit irgendeiner anderen Singlefrau wirst du dich verstehen. Also, so schlimm wird es dort nicht sein." So wurde der Gedanke, nach Peru zu gehen, immer realer.

Über Peru wusste ich bis dahin übrigens noch nicht sehr viel. Ich wusste, dass es dort hohe Berge gab, ich hatte schon mal etwas von der sagenhaften Ruinenstadt Machu Picchu gehört und die Linien von Nazca sagten mir auch etwas. Aber sonst war mir das Land fremd. Peru war nie der Plan gewesen. Ich hatte noch nie davon geträumt. Es gibt ja Menschen, die von Kindesbeinen an den Wunsch haben, zum Beispiel mal nach Tansania zu gehen. Eine Dokumentation im Fernsehen hat ihre Begeisterung geweckt, worauf sie das Zimmer mit Postern aus dem Land zukleistern und von nichts anderem mehr reden.

So war es bei mir nicht. Ich hatte überhaupt kein Land vor Augen gehabt. Taiwan hatte ich mir mal angeschaut und danach wusste ich, dass ich nicht nach Asien wollte. Die Menschen dort sind toll. Aber in der Kultur wäre ich mit meiner Art ein Anstoß gewesen. Die Menschen dort sind höflich und zurückhaltend, sodass man nicht schnell Freundschaften schließt. Auch Südafrika habe ich mir angeschaut. Das hätte es auch werden können. Ich fand viele Teile der Welt spannend. Aber die Wahl fiel auf

Peru, weil ich gesehen habe, dass dort meine Gaben – also das, was ich mitbringe und wer ich bin – gebraucht wurden. Ich war bereit.

Wer sollte das bezahlen? – Die Finanzierung

Diospi Suyana veranstaltet regelmäßig Informationstage für Interessierte. Einen dieser Tage besuchte ich, weil ich mir immer besser vorstellen konnte, nach Peru zu gehen. Vor allem, weil die freie Stelle dort genau auf mich passte. Auch an diesem Abend sprach Klaus John. Er berichtete davon, was sie brauchten, welche Stellen offen waren und wo die aktuellen Herausforderungen lagen. Die Arbeit wurde detailliert vorgestellt. Später habe ich dann noch einen Termin mit ihm vereinbart. Das war dann ein richtiges Vorstellungsgespräch. Ich hatte alle Unterlagen und Zeugnisse dabei.

Und danach kam der entscheidende Schritt: die Frage nach der Finanzierung. Diospi Suyana ist kein gewöhnliches Missionswerk. Es ist ein modernes Krankenhaus – mitten in den Anden. Zum Missionswerk wird es dadurch, dass das Krankenhaus kein Gehalt zahlt, sondern dass jeder, der dort arbeitet, Spender suchen muss, die für das Gehalt aufkommen. Ich brauchte nicht so viel Geld wie in Deutschland. Aber ich musste dort ja trotzdem leben. Wohnung, Nahrung, Kleidung und für mich als Sicherheitsmensch auch Absicherung. Irgendwann würde ich ja wieder nach Deutschland zurückkommen.

Ich wusste, ich will nach Peru, und ich wusste, ich muss Geld zusammenbekommen für meinen Unterhalt dort. Also habe ich alle mir bekannten Gemeinden, Jugendkreise, Freunde und die Orte, an denen ich schon mal Vorträge gehalten hatte, in meiner Funktion als EC-Referentin, angeschrieben. Ich weiß nicht mehr, wie viele Briefe ich geschrieben habe. Darin habe ich erklärt, was mein Plan war – mein Kernsatz war: „Ich brauche Hilfe, damit ich helfen kann." Außerdem habe ich geschrieben: „Unterstütze mich bitte mit einem Betrag, der dir nicht wehtut."

Zu meiner eigenen Überraschung bekam ich sehr viele positive Rückmeldungen. In den ersten drei Monaten nach dem Rundbrief hatte ich schon Spendenzusagen für 75 % meines Gehaltes bekommen.

Aber ich war mir noch nicht sicher, ob das wirklich reichte. Und außerdem war ich ja immer noch alleine. Das war ja eigentlich mein Deal mit Gott gewesen: Ich gehe, wenn ich nicht alleine bin.

Bei den Formalitäten halfen mir zum Glück die Mitarbeiter der VDM – der Vereinigten Deutschen Missionshilfe. Sie unterstützen Menschen und Organisationen, die den christlichen Missionsauftrag weltweit erfüllen wollen. Sie arbeiteten mit dem Krankenhaus in Peru zusammen. Nur für die Spender musste ich selber sorgen, um den Rest kümmerten sie sich. Sie sorgen dafür, dass mein Gehalt auch in Peru ankommt, organisieren Krankenversicherung und Altersvorsorge. Und sie verwalten die Spenden. Alles Dinge, von denen ich damals keine Ahnung hatte. Also ging ich dort zu einem Beratungsgespräch. Von ihrer Professionalität war ich sehr beeindruckt. Sie hatten alles auf dem Schirm. Und sie kümmerten sich auch um mich persönlich – nicht nur um die Finanzen. Sie fragten, wie es mir ging und ob ich noch Fragen hätte. Vielleicht haben sie gemerkt, dass ich noch nervös und zögerlich war. Deshalb haben sie nachgefragt, es war ihnen wirklich wichtig zu wissen, wie es mir ging. Und dann habe ich ganz offen gesprochen: „Ich bin mir nicht so sicher mit dem Geld. Reicht es? Ich weiß nicht, ob ich das schaffe. Ob Gott das wirklich möchte." Ich hatte als Krankenschwester nie viel Geld. Aber es hat immer gut gereicht. Von Haus aus war ich ein Sicherheitsmensch – das hatte ich von meinem Vater. Und auch er hatte mich gefragt: „Wie soll das alles bezahlt werden?“ An der Finanzierung hing alles. Ich war sehr angespannt bei diesem Beratungstermin. Und dann fragten sie mich, wie viel Geld ich schon zusammenhätte. Etwa 75 % dessen, was das Krankenhaus als Gehalt vorgeschlagen hatte, war mir zu dem Zeitpunkt schon zugesagt worden. Das habe ich ihnen gesagt. Und dann kam die aufmunternde Antwort: „Was? Du hast schon so viel zusammen? Und du fragst dich wirklich noch, ob du die Spenden zusammenkriegst und ob Gott dich da draußen will? Also wenn er schon so viele Herzen bewegt hat – Bine, lauf los!“

Diese Aussage war das Zeichen, das ich gebraucht hatte. Schließlich kam auch der Rest der Spenden zusammen. Auch, wenn noch nicht alles geklärt war – ich war zum Beispiel immer noch alleine –, vertraute ich Gott, dass alles schon passen würde. Zum Dezember 2009 habe ich im Krankenhaus in Erlangen gekündigt. Und im Frühjahr 2010 sollte es dann losgehen. Diesmal wirklich in die weite Welt. Peru – ich komme!

Kapitel 4

In Peru

Die Ankunft – allein in einem fremden Land

Anfang 2010 kam ich in Arequipa an und es hat mir dort auf Anhieb gefallen. Arequipa ist eine Großstadt, in der ich als weiße Europäerin nicht sonderlich aufgefallen bin. Dort sollte ich das nötige Spanisch lernen, das ich für meine Arbeit und für mein Leben in den Hochanden brauchte. Da das Volk der Quechua seine eigene Sprache hat und für sie Spanisch schon die Zweitsprache ist, würde ich mich auf Englisch gar nicht verständigen können. Bis April sollte ich im Spanischen fit sein.

In Arequipa waren alle sehr aufgeschlossen. Dort habe ich auch die ersten Kolleginnen und Kollegen kennengelernt, die dann mit mir nach Curahuasi – den Ort, in dem Diospi Suyana ist – gehen sollten. Ein Monat nach mir kam eine junge Physiotherapeutin – Alex – nach Arequipa. Sie war ungefähr 10 Jahre jünger als ich. Wir haben uns angeschaut und wir haben sofort gewusst: Die hat genau den gleichen Blödsinn im Kopf. Wir haben uns auf Anhieb richtig gut verstanden. Das war dann auch die nächste Bestätigung für mich, dass Gott sich um mich kümmert. Ich hatte darum gebeten, dass ich nicht allein sein möchte. Und dann kam Alex.

Natürlich war in Arequipa vieles anders als bei uns in Deutschland. Erlangen hat knapp 110.000 Einwohner. Arequipa ist mit einer Million Einwohnern zehnmal größer. Das Leben auf den Straßen, das Essen, die Menschen – alles ist anders. Aber dadurch, dass es eben eine Großstadt ist und wir in einem sicheren Viertel gewohnt haben, war es nicht der große Kulturschock für mich. Wir kamen im Haus eines christlichen Paares unter – unsere peruanischen Gasteltern, die sich tatsächlich auch als unsere Eltern bezeichnet haben. Die „Mama" war ein Jahr jünger als ich. Wenn ich abends aus dem Haus gegangen bin und keine Jacke dabeihatte, dann rief sie mir nach: „Bine, du nimmst aber deine Jacke mit. Es wird kalt." Daran musste ich mich mit 40 erst mal wieder gewöhnen.

Der Kulturschock

Im April ging es dann von Arequipa nach Curahuasi, dem Ort in den Anden, der für die nächsten zwei Jahre mein Zu Hause werden sollte. Wir waren zu dritt in dem Flugzeug nach Cusco – der nächstgrößeren Stadt mit einem Flughafen. Alex, die Psychotherapeutin, eine weitere Krankenpflegerin, die ebenfalls mit uns anfangen sollte, und ich. Kulturwechsel waren mir nicht fremd. Bis dahin habe ich in meinem Leben öfters die Kulturen gewechselt. Aus Franken nach Oberhausen in das Rheinland und dann wieder zurück. Das klingt jetzt erst mal lustig, aber die Eigenarten der Menschen sind, wie ich es ja bereits erzählte, grundverschieden und jeder Wechsel hat seine Spuren hinterlassen.

Was mich aber im Bergland Perus erwarten sollte, das war etwas ganz anderes. Ein anderer Kontinent, ein anderes Land und eine Gegend, die wirklich abgeschnitten war vom Rest der Welt. Zumindest kam es mir in den ersten Tagen in Curahuasi so vor.

Cusco, der erste Zwischenstopp auf unserer Reise, war schon eindrücklich. Die Großstadt in den Anden – gelegen auf 3400 Metern über dem Meeresspiegel – ist eine Touristenstadt. Von hier aus erreicht man eines der neuen sieben Weltwunder: Machu Picchu. Die Inka-Ruinenstadt ist weltweit bekannt. Über eine Million Besucher jährlich machen sie zur meistbesuchten Touristenattraktion in Südamerika. Cusco ist also kein Provinzkaff mit einem kleinen Flughafen. Dennoch konnte ich bei unserem Anflug schon aus der Luft sehen, dass hier alles anders war. Kaum ein Haus war verputzt und überall lag Dreck. Aus der Luft konnte man auch sehen, wie vermüllt die Flüsse waren. Ich dachte nur: Um Himmels willen, wo landest du da? Ich habe 17 Jahre lang als Intensivschwester gearbeitet. Wenn man da vor etwas eine Phobie hat, dann ist es fehlende Hygiene und Dreck.

Aus Curahuasi wurde uns der Taxifahrer Cesar geschickt. Durch unzählige kleine Dörfer ging es dann zweieinhalb Stunden über Berge und Täler. Und auch hier lag überall am Straßenrand Müll und Dreck. Fast zynisch standen von der peruanischen Regierung aufgestellte Straßenschilder am Wegesrand, die die Menschen an den Umweltschutz erinnern sollten. „Cuide el medioambiente“ – bewahre die Umwelt.

Nach einer langen Taxifahrt kamen wir erschöpft in Curahuasi an.

Ankunft in Curahuasi

Das Haus, in dem wir in Curahuasi leben sollten, war aus Adobe gebaut. Das sind ungebrannte Lehmziegel. So waren zu der Zeit fast alle Häuser dort gebaut. Wir haben im Erdgeschoss, sehr nah an der „Plaza de Armas“, gewohnt. Die „Plaza de Armas“ ist in jeder Stadt der Hauptplatz – das Zentrum. Dort, wo sich das ganze Leben abspielt. Wenn irgendwelche Dorffeste waren, dann sind die Feiernden direkt an unserem Haus vorbeigezogen.

Die Fenster und Türen waren nicht dicht. Ich hatte immer das Gefühl, die Menschen würden durch mein Schlafzimmer marschieren. Die Adobe-Wände haben auch die Eigenschaft, dass sie sich mit Flüssigkeit vollsaugen. Die Wand, die mein Zimmer von der Straße trennte, wurde als Toilette benutzt. Betrunkene Männer standen an meiner Tür, die in einer Einbuchtung lag, und pinkelten gegen die Wand. Ich habe es manchmal gehört: Da pinkelt schon wieder einer. Und die Wände sogen den Urin auf, sodass es immer wieder heftig stank. Die ersten zwei Monate dort war ich mir sicher: „Ich werde hier nicht lange bleiben. Ich halte diesen Dreck und diesen Gestank nicht aus. Hier bleibe ich nicht! Und schon gar keine drei Jahre. Das kann ich nicht." Ich habe mich manchmal so geekelt, nach solchen Festen durch die Straßen zu laufen. Die Wohnung stank, die Straße stank, überall lag der Müll. Zweifel überkamen mich: „Hast du dir überhaupt richtig Gedanken gemacht? Hast du genug recherchiert? War die Entscheidung überhastet?" Missionare, die schon lange da waren, und auch Neuankömmlinge hörte ich immer wieder sagen: „Ich bin hier hergekommen und ich habe gleich gewusst: Das ist es, hier gehöre ich hin." Aber ich habe mich umgeschaut und wusste: Nein! Hier gehöre ich nicht hin. Das hatte nichts mit meiner Arbeit zu tun. Unser Krankenhaus hatte einen super Standard und in „meinen" vier Abteilungen hatte ich wunderbare Kollegen. Dort zu arbeiten war für mich echt gut. Aber mit allem anderen wurde ich nicht warm. Während andere Missionare mit Begeisterung die Stadt und die Gegend erkundeten, hatte ich Mühe, draußen nicht nur das Negative zu sehen. Der Dreck und der Gestank in der Stadt – das war nichts für mich. Was wollte Gott hier mit mir? Hatte ich mich wirklich richtig entschieden?

Außerdem gab es in Curahuasi noch eine andere Herausforderung: Ich hatte das Gefühl, dass alle im Ort immer nett zu uns waren, weil sie etwas von uns wollten. Entweder sie brauchten Zugang zum Krankenhaus oder sie brauchten Arbeit. Aber wie sollte ich da echte Freundschaften schließen, wenn ich nie wusste, ob es wirklich um mich ging?

Der Anfang in Peru fiel mir also schwer. Ich hatte mit Unwägbarkeiten gerechnet. Aber dass es so hart werden sollte und ich darüber nachdenken würde, das Ganze abzubrechen, das hatte ich mir nicht vorgestellt.

Mit der Zeit wurde es besser. Der Mensch kann sich ja an vieles gewöhnen. So auch ich – Bine Vogel aus Franken, die es gewohnt ist, dass man Dinge so macht, wie man sie macht. Ich lernte die neuen Kollegen kennen – alles nette Menschen – ein super Team. Die peruanischen Mitarbeiter halfen mir mit der Sprache. Immer wenn ich einen Satz begann und nicht weiterkam, haben sie versucht, ihn zu beenden und somit zu raten, was ich sagen wollte. Wie gesagt, das Arbeitsumfeld war sehr gut. Es war so, wie ich es kannte. Die Geräte waren so, wie ich sie kannte. Da hat es an nichts gefehlt, zumindest am Anfang nicht.

Doch, obwohl ich immer besser dort ankam, das Gefühl: Jetzt bist du zu Hause – hier gehörst du hin, stellte sich nicht ein. Es blieb irgendwie fremd.

Das Leid der Menschen – die erste Berührung mit dem Thema Gewalt

Die ersten Wochen und Monate zogen ins Land. Wie schon beschrieben, wurde es für mich immer leichter. Zumindest auf der einen Seite. Ich kannte mich immer besser aus. Die täglichen Abläufe verinnerlichte ich, Routinen formten sich. Neue Kontakte entstanden, hier mal Kaffee trinken und da mal eine

Einladung zum Abendessen bei Kollegen. Außerdem ging ich mit Alex zusammen in einen Hauskreis von Peruanern. Dort wurden wir gut aufgenommen und Stück für Stück gewöhnten wir uns an unsere neue Lebenswirklichkeit.

Auf der anderen Seite nahm in mir ein Gefühl der Ohnmacht stetig zu. Das Leid der Menschen, insbesondere das Leid der Frauen, ging mir immer näher. Je besser ich hier ankam, desto mehr erkannte ich, was nicht gleich auf den ersten Blick zu erkennen war: In der Quechua-Kultur ist es ganz wichtig, dass der äußere Eindruck stimmt. „Was denken die anderen von mir?" Alles schöngeredet oder eben verschwiegen. Alles ist positiv. Dabei tragen viele sozusagen den Kopf unter dem Arm. Wenn du fragst: „¿Cómo estás?" Wie geht es dir?, kommt die Antwort: „¡Estoy bien!", was so viel heißt wie: „Mir geht es gut." Und du schaust die Person an und denkst: Nein. Dir geht es überhaupt nicht gut. Erst wenn das Vertrauen wächst, erfährst du, was wirklich los ist. Wochen, Monate, oft Jahre dauert es, bis Vertrauen anfängt zu wachsen. Ich bin jetzt zehn Jahre hier in Andahuaylas und manche beginnen erst jetzt, mir zu vertrauen. Und ich weiß gar nicht, ob sie mir so sehr vertrauen, dass sie mir sagen, was wirklich los ist.

Auf der Intensivstation und in der Notaufnahme – damals am Anfang meiner Zeit in Peru – sah ich immer wieder Frauen mit blauen Flecken. Ich hörte Gespräche, die in mir alle Alarmglocken schrillen ließen. Frauen lagen nackt vor uns auf dem OP-Tisch. Und auf dem Röntgenbild sahen wir diverse Brüche und Verletzungen, die vermutlich nie richtig behandelt worden waren. Mir hat es fast das Herz zerrissen. Und trotzdem schickten wir sie nach ihren Eingriffen wieder nach Hause. Die Krankheit oder die Verletzung, wegen der sie in der Klinik waren, konnten wir behandeln oder sogar heilen. Aber für andere Dinge fehlte uns schlicht die Zeit. Ich wusste, dass häusliche Gewalt in der Region ein Problem war. Ich wollte so gerne etwas tun, aber ich fühlte mich völlig hilflos.

Einmal war ich bei einem Kaiserschnitt mit dabei. Trotz Schmerzmitteln heulte die Frau die ganze Zeit. Als das Kind schließlich geboren war, sagte sie zu mir auf Quechua: „Doctorita, Doktorlein (ich bin zwar eine Krankenschwester, aber das spielt hier keine Rolle), ich schenke dir mein Kind, bitte. Ich habe schon zehn. Ich weiß gar nicht, wie ich noch ein elftes durchbringen soll." Doch ich konnte ihr nicht helfen. Ich war nicht als Seelsorgerin hier, sondern als Intensivschwester. Und das wurde für mich zunehmend zu einem inneren Spagat. „Wenn du helfen kannst, dann hilf!", rief es immer wieder in mir. Nur hatte ich nicht die Kapazitäten, um zu helfen, und darüber geriet ich immer mehr ins Zweifeln.

Ein harter Start

Für Seelsorge gab es keine Möglichkeiten. Die nötige Ausbildung dafür hatte ich, aber mir fehlte schlicht die Zeit. Ich war überlastet, denn zu meinen persönlichen Ankunftsschwierigkeiten hier kam noch hinzu, dass ich in Diospi Suyana zu einer Zeit anfing, als es gerade viele Wechsel im Personal gab. Ärzte und Missionare, die die vergangenen Wochen, Monate oder Jahre hier gewesen waren, gingen zurück und neue kamen gerade an. Manche der Ärzte machen in Diospi Suyana nur einen Kurzeinsatz. Das heißt, sie sind nur wenige Wochen dort. Außerdem kommen sie aus der ganzen Welt. Wir hatten Ärzte aus Singapur, aus Australien, aus Deutschland und aus den USA. Das waren alles tolle Menschen, tolle Ärzte. Ich mochte sie alle. Aber weil jeder dieser Ärzte mit seinen eigenen Gewohnheiten und Methoden hier ankam, musste es eine Schnittstelle geben, die zum einen mit dem peruanischen Personal vermittelte und zum anderen auch entscheiden musste, ob das, was die Ärzte machen wollten, hier überhaupt möglich war. Wir waren ein gut ausgestattetes Krankenhaus. Aber wir hatten nicht jedes erdenkliche Gerät und nicht alle Materialien. Diese Schnittstelle war ich. Ich hatte gefühlt ständig Bereitschaftsdienst und schlief mit drei Telefonen neben meinem Kopfkissen. Das war zermürbend. Ich musste mit Menschen aus ganz unterschiedlichen Kulturen, die mir selbst teilweise neu und fremd waren, die Arbeit in der Klinik organisieren und koordinieren.

Außerdem hatte ich als Christin noch einen Anspruch, der meine Situation auch nicht leichter machte: Ich wollte, dass wir die Menschen nicht nur medizinisch gut versorgten, sondern dass die peruanischen Mitarbeiter – viele davon keine Christen – auch an unserem Leben merkten, dass wir mit Gott leben. Die Ärzte, die nur kurz da waren, konnten das nicht. Sie sprachen meist kein Spanisch und konnten aufgrund dieser kurzen Zeit einfach nicht in die Kultur eintauchen. Das hing an uns, dem festen Personal.

Ich war in einem Hamsterrad, aus dem ich nicht herauskam. Ich wollte meine Arbeit gut machen. Und das tat ich. Aber ich wollte auch den Frauen helfen, die wir nach Hause schickten. Zurück in ein toxisches Umfeld, wo sie Angst hatten, wo sie misshandelt wurden, wo sonst niemand das sah, was ich auf den Röntgenaufnahmen gesehen hatte. Es zerriss mir das Herz. Und je länger ich in Curahuasi bei Diospi Suyana war, spürte ich, dass ich hier nicht an der richtigen Stelle war. Die Arbeit, die im Krankenhaus geleistet wurde, war sehr gut. Es ist sehr wichtig, was dort passiert. Das Personal geht an seine Grenzen. Sie leisten medizinische Versorgung dort, wo sonst keine wäre. Sie sind für Menschen da, die vom Rest der Gesellschaft vergessen werden, weil sie nicht über die nötigen Mittel verfügen. Gerade

Martina John, die Mitbegründerin und Kinderärztin, mit der ich eng zusammenarbeiten durfte, war und ist bis heute ein großes Vorbild für mich. Nur: Mein Herz wollte weitergehen. Ich sah die Not dieser Frauen und hätte ihnen so gerne geholfen.

Aber mir wurde klar, dass ich mich hier im Krankenhaus nicht richtig um sie kümmern konnte. Ich konnte hier keine seelsorgerische Arbeit aufbauen, denn wenn irgendwo ein Notfall im Krankenhaus war, dann musste ich mich darum kümmern, denn schließlich ging es um Leben und Tod. Man kann aber zu einer Frau, mit der man gerade ein tiefes Gespräch führt, nicht mittendrin sagen: „So, merk dir jetzt genau, was du gerade gesagt hast. Ich komme dann so in zwei bis drei Stunden wieder. Bin nur eben schnell bei einem Kaiserschnitt und dann gleich wieder da." Das geht nicht. Man braucht Zeit. Die Not dieser Frauen ließ mir keine Ruhe und ich wollte so gerne für sie da sein – aber wie?

Am Ende der Kräfte

Drei Jahre wollte ich in Diospi Suyana bleiben. Aber schon im zweiten Jahr wurde deutlich, dass ich das nicht schaffen würde. Die Verantwortung für vier Abteilungen, in denen es eine stetige Fluktuation gab, wurde mir einfach zu viel. Alle paar Wochen neue Ärzte und neues Personal aus verschiedenen Ländern und Kulturen – das überforderte mich. Die ständigen Bereitschaftsdienste brachten mich um nötige Freiräume. Weil alle Schwestern irgendwo aus der Gegend kamen, wollten sie am Wochenende immer nach Hause fahren. So blieb mir dann an Feiertagen und Wochenenden ein Großteil der Bereitschaftsdienste. Ich merkte, dass ich an meine Grenzen kam. Durch den Stress nahm ich immer mehr zu. Ich konnte nachts nicht mehr schlafen, dabei schlafe ich eigentlich immer wie ein Stein.

Ich heule nur ganz selten. Also ich heule schon, aber eher, wenn ich mit anderen mitleide. Wenn jemand anderem etwas zustößt. Ich heule ganz selten wegen mir. Die Menschen – meine Kollegen in Diospi Suyana – hatten überhaupt keine Chance zu merken, dass es mir nicht gut ging. Ich habe öfter gesagt, dass ich nicht mehr kann. Ich habe es aber nicht gezeigt. Ich bin durch den Flur gerannt, als wäre nichts – fit wie immer. Man glaubt der Tat mehr als der Sprache. Und die anderen haben einfach gedacht, dass es nicht so schlimm sein würde. Sie dachten: Die macht noch Witze, die ist gut drauf, die bringt Schokolade mit und backt Kuchen. Wo ist die am Ende? Der Gynäkologe konnte mich nur sehen, wenn er im OP oder auf der Intensivstation war, der Urologe hat mich nur gesehen, wenn ich in seinem OP war oder auf Intensiv, der Notfallmediziner sah mich nur arbeiten, wenn ich in der Notfallmedizin war. Aber keiner hat mitbekommen, was ich sonst noch alles machte. Keiner hat gesehen, wie mein Tag verlief, dass so viele Fäden bei mir zusammenliefen und ich sie einfach nicht mehr alle gleichzeitig in der Hand halten konnte. Alle dort im Krankenhaus haben einen vollen Tag. Die Herausforderung mit mir ist einfach, dass ich immer noch zu energiegeladen wirke, auch wenn ich innerlich schon am Boden liege.

Nach zwei Jahren war es für mich an der Zeit, einen Schlussstrich zu ziehen. Ich dachte: „Wenn ich jetzt nicht die Notbremse ziehe, dann kriegt meine Psyche einen Knacks, der nicht mehr so leicht zu reparieren ist."

Eines Abends habe ich Heinrich Finger, dem Leiter der VDM, eine E-Mail geschrieben. „Ich kann nicht mehr. Ich weiß, du wirst es mir nicht glauben. Aber ich kann nicht mehr und ich muss mit dir reden." Das war die Hauptaussage der

Mail. Aber ich hatte ein schlechtes Gewissen. Drei Jahre sollte ich in Peru bleiben. Plötzlich konnte ich nicht mehr. Was würde er sagen? Ich hatte erwartet, dass eine Mail zurückkommt, in der er schreibt: „Komm, jetzt stell dich nicht so an. Das wird schon. Mach mal weiter. In zwei/drei Wochen habe ich einen Termin frei. Da können wir telefonieren." Ich habe mich als Versagerin gefühlt. Am nächsten Morgen stand ich früh auf und las seine Antwort: „Bine, ich sitze heute den ganze Tag am Computer. Sobald du wach bist, ruf mich an." Das war so cool, das war so eine Hilfe. Ich hatte das Gefühl, dass er mich ernst nimmt. Ich hatte Angst davor, dass wieder ein gut gemeinter Ratschlag kommen würde nach dem Motto: „Bete, Gott gibt dir die Kraft. Reiß dich zusammen. Weitermachen." Aber nein, er hat mir einfach geglaubt und mich wertgeschätzt. Das Gespräch war heilend. Ich schilderte ihm meine Situation, worauf er sagte: „Weißt du, Bine, so wie ich das wahrnehme, bist du entweder kurz davor oder schon mittendrin in einem Burnout. Es gibt jetzt zwei Möglichkeiten: Entweder du sprichst mit der Leitung oder ich mache das. Entweder du sagst denen, dass du morgen aufhörst zu arbeiten, oder ich sage es ihnen." Ich dachte nur: Ups. Was ist denn jetzt gerade passiert? Darauf erwiderte ich: „Nein, nein. Ich liege ja noch nicht unter dem Tisch. Ich gehe da selber hin. Ich mache das selber."

Dann sprach ich mit der Krankenhausleitung. Zu der Zeit war nur die stellvertretende Leitung in Peru. Sie waren überrascht, denn sie hatten mir tatsächlich nichts angemerkt. Aber sie haben sehr verständnisvoll reagiert und gesagt: „Wenn das so ist, dann hör auf. Das ist gut."

Ich habe natürlich nicht direkt am nächsten Tag aufgehört. Ich wollte nicht alles stehen und liegen lassen. Und überhaupt, es gab ja keine Person, die alle Bereiche sofort übernehmen konnte. So gut es ging, habe ich alles dokumentiert, abgeschlossen und übergeben. Dann habe ich meine Wohnung in Curahuasi aufgelöst und bin im Januar 2013 wieder nach Deutschland zurückgekehrt.

Zwei Jahre hatte ich es versucht. Zwei Jahre hatte es nicht geklappt. Der Dreck, der Stress, die Frauen in Not, denen ich nicht helfen konnte. All das war mir über den Kopf gewachsen. Waren die vergangenen zwei Jahre vergebens? Ich wusste es nicht. Aber ich hatte auf jeden Fall den Gedanken: Ich komme wieder. Nicht zurück ins Krankenhaus, nicht nach Curahuasi. Aber zurück nach Peru. Ich wollte mit Frauen arbeiten, die sonst niemanden hatten. Das hat Gott, trotz der Überforderung, die ich in Curahuasi erlebt hatte, erreicht: Er hat mir diese Frauen ins Herz gepflanzt. Dass ich nicht nur den Frauen dort helfen sollte, konnte ich damals noch nicht wissen.

Kapitel 5

Zwischenstopp in Deutschland und Neustart in Peru

Zurück in die Heimat

Die Rückkehr nach Deutschland war wie das Anlegen in einem sicheren Hafen. Die Uniklinik in Erlangen hatte mir wie versprochen meine Stelle freigehalten. Freunde hatten meine Wohnung bewohnt – inklusive meiner Möbel. Meine Sachen waren in Kisten im Keller. Ich hätte also einfach nur wiederkommen können. Ich hätte die gleiche Position im Krankenhaus gehabt. Ich hätte das gleiche Gehalt gehabt. Alles wäre wie immer – als wäre ich nie weggewesen. Aber ich wusste, ich konnte das nicht. Mein Herz konnte es nicht. „Wenn du Not siehst, pack an!" Ich hatte die Not gesehen. Ich wollte wieder zurück. Ich wollte mit den Frauen arbeiten.

Gott war mir – wie immer eigentlich – auch diesmal wieder ein paar Schritte voraus. Um das zu erklären, springe ich noch mal in die Zeit in Curahuasi. Dort im Krankenhaus arbeitete eine Krankenpflegerin, die aus der Region Andahuaylas stammte. Diese Stadt im Bundesland Apurímac kannte ich nicht. Sie liegt fünf Stunden Autofahrt entfernt von Curahuasi. Über Berge und Täler – ganz grob Pampa-einwärts und bergaufwärts gelegen. An einem der freien Wochenenden hatte mich meine Kollegin eingeladen, mal mit zu ihr in ihre Heimat zu kommen – nach Andahuaylas. Auf dem Weg hielten wir bei einem Ort an, der Pacucha hieß, und da gab es eine Lagune. Es war eine wunderschöne Aussicht. Da war es grüner und schöner als in Curahuasi. Es gab mehr Bäume als in Curahuasi. Auf dieser Reise habe ich schon gedacht: Dieses Eckchen gefällt mir.

Als ich dann 2013 wieder in Deutschland war und mit Gott über meine Zukunft, meine Wünsche und Träume debattierte, kam mir dieser Ort Andahuaylas in den Sinn. Warum nicht dorthin? Ich wollte bei den Quechuas bleiben – bei dem Volk, das ich in den letzten zwei Jahren kennenlernen durfte. Ich wollte in eine Stadt, denn um eine Arbeit aufzubauen, braucht man eine gewisse Infrastruktur. Andahuaylas liegt an der Panamericana – einer direkten Landverbindung nach Lima. Das hat alles für diese Stadt mit ihren knapp 60.000 Einwohnern gesprochen. Warum also nicht?

Ein neuer Plan

Mein Wunsch war: Ich will nach Andahuaylas gehen und dort mit Frauen arbeiten. Diese zwei Komponenten – der Ort und die Aufgabe – waren in den letzten zwei Jahren in mir herangereift. Einen Rahmen für eine solche Arbeit gab es allerdings nicht. Mir war klar, dass ich dieses Mal ohne doppelten Boden unterwegs sein würde. Ohne eine Arbeit, die es vor Ort schon gab. In Andahuaylas gab es, soviel ich wusste, kaum Missionare. Ich wusste nur von zwei Familien, die aber jeweils eigene kleine Projekte betrieben. In meinem Vorhaben, diese Frauenarbeit aufzubauen, wäre ich allein und genau das war mein Kampf mit Gott. Denn allein wollte ich ja nicht weit weg – in die Fremde, in ein Niemandsland. In Curahuasi hatte ich Kolleginnen und Freundinnen gefunden, mit denen ich mich verstand. Die würde es in Andahuaylas nicht geben. Dort, in dieser Andenstadt, die noch abgelegener war, kannte ich wirklich niemanden. Aber mein Herz war bereits in diese Richtung gepolt. Und so habe ich zu Gott gesagt: „Okay, ich nehme deine Herausforderung an. Ich gehe da wirklich hin. Aber wenn ich einsam bin, dann sitze ich im Flugzeug zurück nach Deutschland, bevor du auf Quechua ‚Tschüss' sagen kannst." Ich stelle mir dann immer Gott vor, wie er mir zuhört und auf mich reagiert. Er saß dann sicher da oben – mit einem breiten Grinsen im Gesicht – und dachte sich: Jaaa, mein Kind, warte ab. Ich bin da.

Durchatmen und Neustart ins Ungewisse

Ich bin nicht sofort nach Peru gereist. Neun Monate blieb ich in Deutschland. Mein Vorhaben bedurfte Vorbereitung – nicht zuletzt, weil es ja noch gar keinen konkreten Plan gab. Es war nur eine Idee in meinem Kopf, die durch mein Herz befeuert wurde.

Außerdem musste ich einen klaren Kopf bekommen. Wenn ich in dieses Land zurückwollte, musste ich das, was in Curahuasi passiert war, unter die Füße bekommen. Ich musste das Hamsterrad, in dem ich gesteckt hatte, verarbeiten. Bei der VDM gab es ein spezielles Programm für Missionare, die zurückkamen. Im Fachjargon nennt man das „Re-Entry" – Wiedereinstieg. Aus einer anderen Kultur zurück in die eigene zu kommen, ist für viele schwer. Normalerweise trifft man sich im Rahmen des Re-Entry-Prozesses einmal mit einem der Mitarbeiter für ein Gespräch. Ich hatte darum gebeten, weil ich jemanden brauchte, der mir half, wieder auf die Beine zu kommen. Zwei Wochen lang hatte ich dann täglich Gespräche mit Birgit. Wir waren auf einer Wellenlänge, das war wirklich ein Geschenk! Ich habe gedacht: ‚Die wird mich verstehen, die wird mir helfen, alles aufzuarbeiten, und sie wird mich betüdeln.' Das war meine Hoffnung für diese 14 Tage. Aber manchmal brauche ich es auch, dass jemand Klartext mit mir redet. Und Birgit hat das von Anfang an gemacht. In unserer ersten Sitzung sagte sie: „Ja, Bine, jetzt bist du ja hier. Die drei Jahre in Diospi Suyana haben nicht geklappt. Sicher wirst du mir noch alles erzählen, was deiner Meinung nach da so los war. Aber was mich jetzt erst mal interessieren würde: Was war denn dein Teil daran?" Diese Frage hat mir erst mal die Luft genommen. Ich hatte erwartet, dass sie mich mit Samthandschuhen anfassen würde, doch stattdessen sollte ich über meine eigenen Fehler reden. Uff – aber die Frage war gut! Ich beruhigte mich und sagte: „Birgit, ganz ehrlich, lass mich darüber jetzt erst mal nachdenken." Zwei Tage lang habe ich gegrübelt. Das waren zwei Tage harte Arbeit. Diese Zeit war lehrreich. Ich konnte sehen, wo mein Problem lag: Verbal konnte ich Grenzen setzen, aber ich habe sie nicht in die Tat umgesetzt. Ich habe gesagt: „Ich kann nicht mehr", bin aber trotzdem durch die Flure gerannt und habe versucht, alles im Griff zu behalten. Ich zeige es nicht, wenn es mir schlecht geht. Ich kann zwar mal lospoltern und energisch sagen: „Jetzt wird mir alles zu viel!", aber eine halbe Stunde später bin ich wieder sortiert und es funktioniert wieder.

Seit zehn Jahren – seit unseren Gesprächen in Deutschland – arbeite ich daran. Denn noch heute kommt es vor, dass ich mich selbst übersehe. Dass ich durch die Woche renne, jeden Tag um fünf Uhr morgens am Schreibtisch sitze, mit Deutschland telefoniere und dann ab acht Uhr den normalen Alltag in casayohana bis 17 Uhr durchpowere. Am Wochenende und abends mache ich dann weiter Termine und Besprechungen und nehme an Ausflügen teil. Und oft funktioniert es auch. Aber ich muss dann auf Anzeichen von Erschöpfung achten und mich selbst daran erinnern: „Bine, du schläfst wieder nicht richtig. Könnte es sein, dass du zu viel machst?" In den letzten zehn Jahren war das ein stetiger Lernprozess. Ich weiß heute, dass mein System am besten funktioniert, wenn ich mich am Wochenende – zumindest an einem Tag – tot stelle. Wenn ich alleine für mich bin, mich um niemanden kümmern muss und einfach nur so vor mich hin dümpeln kann. Ich lerne zu sagen: „Ja, ich würde gerne, aber nein. Heute nicht." Trotzdem fällt es mir schwer, und ich kann immer noch nicht gut Nein sagen. Ich habe dann oft das Gefühl, dass ich andere enttäusche. Dabei möchte ich doch allen gerecht werden: unseren Familien, unseren Missionaren, unseren Kurzzeitlern. Aber das schaffe ich nicht. ‚Nein' zu sagen ist für mich richtig Arbeit. Ich kämpfe innerlich mit mir, weil sich Gedanken von Minderwertigkeit einschleichen: „Ich schaffe das nicht. Ich genüge nicht." Ich bin dann gleich mal wieder die Bine meiner Kindheit. Aber gut, dass Gott mich mit meinen Begrenzungen einfach liebt.

Brigit hat es damals richtig gemacht. Sie hat mir vor zehn Jahren geholfen, Schwächen zu erkennen, die ich bis heute ganz langsam unter meine Füße bekomme. Und danach hat sie mich noch reichlich betüdelt. Wir haben Wein getrunken, wir haben miteinander gelacht, wir haben miteinander geweint. Es hat mir so geholfen, dass die VDM – dass Birgit – mich ernst genommen haben und ganze 14 Tage für mich da waren. Dafür bin ich unendlich dankbar.

Ich habe in dieser Zeit etwas verinnerlicht, das für die Arbeit hier essenziell wichtig ist. Das war eigentlich nichts Neues. Ich hatte es damals schon in Erlangen erkannt. Aber es war so, als wäre es nicht wirklich in meinem Alltag angekommen. Und auch heute muss ich es immer wieder ins Gedächtnis rufen: „Liebe deinen Nächsten wie dich selbst." Oft merke ich, dass ich zu weit gehe: „Jetzt kümmerst du dich um den anderen mehr als um dich. Das geht aber nicht lange gut, Bine. Du kannst die anderen nur lieben, wenn du dich selbst genauso liebst." Das ist wie bei der Sauerstoffmaske im Flugzeug: Erst muss ich sie mir selber aufziehen, um dann anderen helfen zu können. Denn was bringt es meinem Nächsten, wenn ich selbst am Boden liege? Dann kann ich keinem mehr helfen. Fast jeden Tag erinnere ich mich daran und damit auch an eine Tatsache, die sich nie ändern wird: Für Gott bin ich okay, so wie ich bin – auch ohne etwas zu leisten. Auch wenn ich mich drei Tage lang auf dem Sofa ausruhen muss.

Nach diesen 14 Tagen mit Birgit konnte ich wieder atmen. Ich wusste, es waren noch nicht alle Wunden verheilt. – Und es folgten auch noch viele heilsame Gespräche mit meinen Geschwistern und Freunden. – Aber es ging mir schon mal besser. Die Versöhnung mit den vergangenen zwei Jahren hatte begonnen. Was mir auch noch wichtig war: Ich habe Martina John angerufen, die damals in Deutschland war und das Ganze nur aus der Ferne mitbekommen hatte. Es tat gut, gemeinsam über diese zwei Jahre reden zu können, verstehen zu lernen, verstanden zu werden. Und das auf Augenhöhe. Diese Aussprache war wichtig, denn ich wollte ja wieder in dieselbe Region zurückkehren – nur auf die andere Seite des Berges. Es ist schwierig, sich ein neues Zuhause und Leben aufzubauen, wenn man mit Bauchschmerzen an „die andere Seite des Berges" denkt. Und ich wusste, dass ich wieder mit Diospi Suyana zu tun haben würde.

Reisevorbereitung für ein neues Abenteuer

Es gab noch weitere Schritte, die ich in Deutschland gehen musste, bevor ich wieder in die Ferne nach Peru gehen konnte: Ich musste es meinen Unterstützern kommunizieren. Die meisten von ihnen hatten sich bereit erklärt, mich für drei Jahre Diospi Suyana zu finanzieren. Jetzt kam ich wieder und hatte eine ganz andere Vorstellung von meiner Arbeit, noch dazu zeitlich unbegrenzt. Ich hatte keine Ahnung, wie lange ich diesmal weg sein würde und was genau ich dort machen wollte. Das musste ich kommunizieren.

Ich bin durch die Gemeinden gereist, in denen ich Unterstützer hatte, und habe von meinen Erfahrungen und meinem daraus resultierenden Wunsch berichtet. Ich habe gesagt, dass diese Frauen in Peru mich nicht loslassen. Diese Frauen, die wir behandeln und dann wieder gehen lassen müssen, diese Frauen, die einfach keine Hilfe haben und für die es scheinbar so normal ist, geschlagen zu werden und nicht beachtet zu werden. Für die es ganz normal ist, so niedrig von sich selbst zu denken, dass sie meinen, es sei in Ordnung, geschlagen zu werden. Ich habe erzählt, dass es mir auf der Seele liegt, zurückzugehen und diese Frauen zu unterstützen, bei ihnen zu sein, mit ihnen zu weinen, mit ihnen zu lachen. Ich habe einfach ehrlich gesagt, dass ich diesen Frauen helfen möchte, wie auch immer sie es zulassen und brauchen, ohne genau zu wissen, wie das sein würde. Ich wusste, dass es in Andahuaylas evangelische Kirchen gibt, mit denen ich gerne zusammenarbeiten wollte. Und ich wusste, dass ich die Stadt und die Region erst mal kennenlernen wollte und musste. Ich habe einfach gefragt, ob sie bereit wären, mich auch auf diesem unsicheren und unklaren Weg zu unterstützen. Im Prinzip habe ich ihnen erklärt, dass ich eine eigene Arbeit – erst mal alleine – in einer mir fremden Stadt aufbauen möchte. Und ich war ganz erstaunt, dass von allen bisherigen Unterstützern nur zwei abgesprungen sind. Die meisten waren einfach betroffen von dem Bericht und haben mir ihre weitere Unterstützung zugesagt. Wow, das hat mich echt umgehauen! Ich war total dankbar.

Zunächst habe ich übrigens nur an die Arbeit mit Frauen gedacht. Dass ich mal Kinder mit Behinderungen betreuen würde und ein Haus „casayohana“ bauen sollte, war noch gar nicht in Sicht. Mein Weg war also frei. Ich hatte die nötige finanzielle Unterstützung zusammen und konnte nun meine Ausreise planen – auch, wenn ich immer noch nicht genau wusste, was auf mich zukommen würde.

Darüber hinaus brauchte ich eine Partnerorganisation in Deutschland, die bereit war, die Spendenbetreuung für die Arbeit zu übernehmen. Mein eigenes Gehalt lief ja weiter über die VDM. Aber für die Arbeit, die ich realisieren wollte, brauchte ich ja auch Spenden. Diesen Partner fand ich in der Marburger Mission. Dass sie sich damals, obwohl noch so viel unklar war, darauf eingelassen haben und mir dadurch die Sicherheit gaben, die ich brauchte, das erfüllt mich bis heute mit Dankbarkeit.

Andahuaylas, ich komme

Bis auf die zwei Missionarsfamilien, die ich bereits kannte, war Andahuaylas Neuland für mich. Klar, die Adobe-Architektur und die fehlende Sauberkeit kannte ich bereits aus Curahuasi. Und auch das Volk der Quechuas war hier – fünf Stunden Autofahrt entfernt von Diospi Suyana – dasselbe. Aber das war es auch schon, was ich an Gewohntem in dieser neuen Stadt antraf. In Curahuasi hatten wir noch die Verbindung nach Cusco – der touristischen Andenmetropole, mit allen Annehmlichkeiten des modernen Lebens. Dort gab es riesige Einkaufszentren. Wenn ich etwas brauchte – in Cusco gab es fast alles.

Jetzt war Cusco allerdings acht Autofahrstunden von mir entfernt. Und hier in Andahuaylas gibt es nicht einmal einen richtigen Supermarkt. Nur kleine Läden und den Wochenmarkt. Auf den Straßen sieht man keine Touristen, es gibt nur wenige Hotels. Niemand macht hier Urlaub. Diese Region gehört zu den ärmsten Gegenden des Landes. Der Leuchtende Pfad, die Terrororganisation, die Peru in den 80ern und Anfang der 90er-Jahre in Angst und Schrecken versetzte, war hier besonders stark gewesen. Das Bundesland Apurimac, in dem sich Andahuaylas befindet, war eine der Hochburgen und der letzte Rückzugsort der Terroristen, denn hier hatten sie leichtes Spiel mit der armen Landbevölkerung. Sie versuchten mit Worten, Geschenken und Gewalt die Bevölkerung auf ihre Seite zu bekommen. Das Militär machte es genauso. Söhne verrieten ihre Väter und Onkel ihre Neffen. Die Terroristen und das Militär entzweiten Familien und zerstörten ganze Landstriche. Davon haben sich die Menschen bis heute nicht erholt. Die Wunden sind tief und für die allermeisten Männer ist Alkohol das Ventil, um mit der Situation klarzukommen.

Heute gibt es keine Terroristen mehr. Die verbleibenden haben sich auf Drogen-, Organ- und Frauenhandel verlegt. Die ‚narcotraficantes' – Drogenhändler – bauen ihr Geschäft immer stärker aus. Und dadurch wird es auch wieder krimineller. Es vergeht kaum eine Woche, in der man nicht von Morden liest. Die Armut ist der ideale Nährboden für den Drogenhandel: Wenn du als junger Mann arm bist und keinen Job findest, locken die Kartelle mit leicht zu verdienendem Geld und versprechen eine luxuriöse Zukunft. Je ärmer ein Dorf ist, desto leichter haben es die ‚narcos'. Vor einigen Jahren hat Peru Kolumbien im Anbau und Export von Kokain überholt. Und das merkt man hier bei uns in Andahuaylas. Es gibt kaum richtige Straßen, aber fette Limousinen cruisen durch die Gegend. Die allermeisten Menschen aber leiden unter dem Drogenhandel und den Folgen.

Hier war ich nun – in einer Stadt, in der ich kaum einen Menschen kannte, wo ich als Weiße sofort aufgefallen bin und ohne einen konkreten Plan. In Curahuasi war ich umgeben von

60 weiteren Missionaren. Klar ist man auch dort als Weiße aufgefallen, aber es gab einfach mehr von uns. Meine Aufgabe im Krankenhaus war klar gewesen, ebenso der Ort, an dem ich arbeiten sollte. Hier in Andahuaylas gab es nichts davon. Nur mein Hausstand aus Curahuasi war schon hier. Ich durfte ihn bei einer der Missionarsfamilien unterstellen. Für den Fall, dass ich nicht zurückgekehrt wäre, hätten sie die Sachen einfach behalten oder verkaufen dürfen.

Doch ich war wiedergekommen. Zwei Wochen konnte ich bei einer der Familien unterkommen. Das war erst mal eine große Hilfe. Und dann hatte ich bereits eine Wohnung gefunden. Sie war nicht direkt in Andahuaylas, sondern in Talavera – einem kleineren Städtchen, das direkt an Andahuaylas angrenzt. Wie es hier so oft läuft: Jemand kennt jemanden, der jemanden kennt, der gerade nach Lima zieht und jemanden sucht, der seine Wohnung übernimmt. Die erste große Hürde war genommen.

Ich hatte eine Wohnung in einer Stadt, in der ich fast niemanden kannte. Und ich hatte auch noch keinen Plan, wie ich eine solche Arbeit aufbauen sollte. Meine erste Idee war es, Pastoren und Gemeinden zu kontaktieren und in Gottesdienste zu gehen. Auch die deutschen Missionare unterstützten mich. Und bald hatte sich auch herumgesprochen, dass eine neue Gringa hier war. Zuerst wollte ich schauen, wo Bedarf war. Ich wollte mit Frauen in Not arbeiten, aber ich musste erst mal einen Weg finden, um überhaupt zu den Frauen zu kommen. Ich war ja in keinem Krankenhaus mehr, wo sie zu mir kamen. Ich musste hingehen. Aber wie? Und dann wurde ich an meinem ersten Wochenende hier zu einer Konferenz von „*Paz y Esperanza*“ eingeladen, einer christlichen peruanischen Hilfsorganisation.

Mit fremden Verhaltensweisen und Kulturen ist das so eine Sache: Der Hund wedelt mit dem Schwanz, die Katze wedelt auch mit dem Schwanz. Bei dem einen ist es ein Zeichen der Freude. Und bei dem anderen Aggression. Ich brauchte dringend Menschen, die mich in die Kultur der Quechuas einführten. Und da habe ich *Paz y Esperanza* kennengelernt.

Paz y Esperanza ist eine christliche Organisation, die nach der Zeit des Terrorismus gegründet wurde, um sich um die Opfer zu kümmern. Außerdem setzen sie sich für Frauen ein, die von ihren Männern misshandelt oder verlassen wurden und keinen Unterhalt von ihnen bekamen. Abgesehen davon, dass es eine Schande ist, sitzengelassen zu werden, haben die meisten Frauen dann auch kein Einkommen mehr. Des Weiteren organisierten sie eine bilinguale Schulbildung der Kinder. Viele Kinder wachsen in Dörfern auf, in denen nur Quechua gesprochen wird. In der Schule hingegen wird nur auf Spanisch unterrichtet. Diese Kinder haben also gar keine Chance auf eine Schulbildung, weil ihnen die Sprachkenntnisse fehlen.

Während der Konferenz von *Paz y Esperanza* kam ich ins Gespräch mit einer Mitarbeiterin. Sie wollte wissen, was ich vorhatte, und bot mir an, dass ich bei ihnen mitlaufen könne, um die Kultur und Gebräuche kennenzulernen. Unsere Anliegen gingen ja irgendwie in die gleiche Richtung.

Das war für mich erst einmal der Jackpot. Ich war total dankbar. Hier in Peru ist es ganz wichtig, dass man jemanden hat, der dein Fürsprecher ist. Jemanden, der sagt: „Die Bine schaut zwar komisch aus und spricht ein komisches Spanisch, ist aber total in Ordnung.“ Die Mitarbeiterinnen haben mich dann mitgenommen in die Dörfer und in die Kirchen. So habe ich ganz viele Dorfvorsteher und andere wichtige Menschen kennengelernt. In dieser Zeit habe ich dann auch mitbekommen, wie die Menschen leben und wie es in den Hütten wirklich ausschaut. Ein Jahr lang war ich mit *Paz y Esperanza* unterwegs und habe einfach nur Hilfsarbeiten gemacht. Ich war dafür zuständig, Stühle zu stellen, Sachen aufzubauen, Sachen abzubauen – Plakate zu malen. Ich habe zugehört, ich habe aufgesaugt. Ich konnte zum ersten Mal in die Tiefe gehen und nachfragen: „Warum ist das hier so? Was ist das, was ich da gesehen habe? Wie habe ich das zu verstehen?" Fragen, für die ich in Diospi Suyana einfach keine Zeit gehabt hatte. Ich durfte das erste Mal richtig in die Kultur eintauchen. Und je mehr ich von der Kultur verstanden habe, desto weniger habe ich eigentlich tatsächlich verstanden. Aber das war nötig, um später die eigene Arbeit aufzubauen. *Paz y Esperanza* war ein Segen für mich. Das war ein geniales erstes Jahr. Und durch *Paz y Esperanza* kam auch Chavi in mein Leben.

Chavi – meine neue Familie in Peru

Aus Curahuasi kannte ich es, dass man jemanden für ein paar Stunden am Tag einstellt, der im Haushalt hilft und da ist, falls man mal nicht zu Hause ist. Außerdem ist es eine Möglichkeit, den Menschen einen Job zu geben.

Ich fragte Lupe, die Leiterin von *Paz y Esperanza*, ob sie jemanden kannte, der dafür in Frage käme. Sie fand die Idee gut und wollte sich umhören. Ein paar Tage später stand Chavi vor meiner Tür. Chavi ist klein – vielleicht 1,50 Meter groß. Sie sagte zu mir: „Also, du bist eine Gringa und du bist viel mit *Paz y Esperanza* unterwegs und du brauchst jemanden, der auf dein Haus aufpasst, weil wenn eine Gringa ein Haus alleine lässt, denken alle, die hat ja sicher viel Geld, da können wir bestimmt was holen. Du kannst keinem trauen, nur mir – mir kannst du trauen." Ich dachte: Okaaaay, alles klar. Ich kann niemandem trauen. Nur dir? Hmmmmm! Zu dem Zeitpunkt war ich gerade mal ein paar Wochen hier. Auch Lupe kannte ich noch gar nicht so gut. Alle sagten mir, ich könne niemandem trauen. „Nur mir kannst du trauen." Was sollte ich machen? Sollte ich Chavi trauen? Natürlich hatte sie recht, ich brauchte jemanden wie sie. Aber woher wusste ich, dass SIE das ist? Woher konnte ich wissen, dass sie ehrlich ist?

Um eine Antwort zu bekommen, machte ich einen Deal mit Gott. Ja, ich weiß, das ist theologisch nicht einwandfrei, aber in dieser Situation wusste ich mir nicht anders zu helfen. Ich kam auf folgende Idee: In diesem Haus, in dem ich wohnte, war kein Fenster dicht. Ich konnte zwischen Hausmauer und Fensterrahmen und Fensterrahmen und Fenster hindurchschauen. Lärm und Dreck kamen einfach durch alle Ritzen von draußen rein. Überall waren Hühner und Hähne und um drei Uhr in der Frühe fingen sie an, sich lautstark über die Ereignisse der Nacht zu unterhalten. Jeden Morgen stand ich also um diese Uhrzeit kerzengerade in meinem Bett. Und dann sagte ich zu Gott: „Ich habe keine Ahnung, ob ich Chavi nehmen soll oder nicht. Ich lege jetzt mein Flies aus, wie es Gideon aus der Bibel gemacht hat. Wenn ich am nächsten Morgen tief und fest schlafe und wirklich wider Erwarten erst um 09:00 Uhr vom Wecker geweckt werde, und bis dahin keine einzige Hühnerunterhaltung gehört habe, dann weiß ich, dass ich Chavi einstellen soll." Und so kam es! Ich bin um 09:00 Uhr vom Wecker aufgewacht – ganz aus dem Tiefschlaf heraus. Und damit war es klar für mich: Okay, du nimmst sie.

Es war eine Antwort Gottes. Trotz allem war ich skeptisch. Am Anfang hat sie geputzt, wenn ich da war. Das war dann ein paar Wochen so. Und irgendwann war ich mit *Paz y Esperanza* unterwegs und wusste, dass ich heimkommen würde, während sie gerade im Haus war. So habe ich mich da herangetastet. Ich hatte ja keine Ahnung, wem ich trauen konnte und wem nicht. Außerdem war mein Spanisch grottenschlecht. Mit Händen und Füßen habe ich ihr erklärt, wie ich das möchte und wie ich jenes möchte. Ich habe sie gefragt, wo man Möbel kaufen kann. Alles mit Händen und Füßen. Und sie hat mir mit einer Engelsgeduld alles erklärt. Irgendwann kamen auch ihre Zwillingstöchter mit. Damals waren sie 12 Jahre alt. Sie waren so gerne bei mir. Durch sie bin ich dann auch Stück für Stück der armen Seite der Gesellschaft nähergekommen. Mit ihnen lernte ich auch Orte kennen, von denen ich bis dahin keine Ahnung hatte.

Einmal erzählte mir Chavi – da waren die Mädels vielleicht 13 – dass ihre Tochter Fiorella gesagt hätte, dass sie gerne eine Katze bei Bine – also bei mir zu Hause – wäre, weil meine Katzen ein eigenes Bett hätten. Das hat mich dann doch ein bisschen sprachlos gemacht. Nicht nur das, es hat mich regelrecht zerrissen. Sie waren da fast schon ein Jahr bei mir zum Putzen und ich war noch nie bei ihnen daheim gewesen. Aus Scham haben sie mich nie eingeladen. Irgendwann habe ich den Mut zusammengenommen und mich selbst bei ihnen eingeladen. „Mensch, Chavi, jetzt haben wir schon so oft bei mir gegessen. Ich komme jetzt einfach mal zu dir und wir kochen etwas gemeinsam bei dir." Und so ging das dann ganz langsam. Erst durfte ich mich nur in den Hof setzen, irgendwann durfte ich mich in die Küche setzen und schließlich haben sie mich auch in das andere Zimmer eingeladen. Erst dann habe ich gesehen, was sie alles nicht hatten. Gerne wäre ich sofort losgezogen und hätte zumindest mal Bettgestelle und Matratzen gekauft. Ich wollte Chavi aber nicht beschämen, so habe ich versucht, Stück für Stück Dinge, die mir von Ex-Missionaren überlassen wurden und die ich schon doppelt hatte, an sie weiterzugeben oder

Sonderaufgaben zu finden, die ich mit Möbelstücken bezahlen konnte.

Einmal, als ich gerade mit einem schwerkranken Kind in Lima war, rief mich Chavi an und fragte: „Du, Bine, auf deinem Schreibtisch liegen Bonbons. Darf ich mir einen nehmen?" Da dachte ich: Okay, wenn sie wegen einem Bonbon nachfragt ... das wäre mir gar nicht aufgefallen. So banal diese Anekdote ist, sie hat mir gezeigt, dass Chavi eine durch und durch ehrliche Haut war. Ich konnte ihr voll vertrauen. Ein andermal habe ich eine Wochenabrechnung gemacht und da war unter meinen Drucker ein 100-Soles-Schein gerutscht (etwa 25 Euro). Als ich von der Arbeit kam, wartete Chavi auf mich und gab mir energisch eine Standpauke: „Also, das geht überhaupt nicht. Du kannst hier das Geld nicht so rumliegen lassen. Wenn jemand hier reinkommt und die 100 Soles sieht, wird er das Geld nehmen!" Ich habe gemerkt, dass sie sich um mich sorgt und sich um mich kümmert.

Und so ist das Vertrauen zwischen uns immer weiter gewachsen – Stück für Stück. Allmählich wurden Chavi und ihre Töchter so etwas wie eine Familie für mich. Gott hat mir gegeben, worum ich ihn gebeten hatte. Keine vier Wochen nachdem ich in Andahuaylas angekommen war, hatte ich Menschen um mich herum. Er hat mir Chavi zur Seite gestellt – eine treue Seele. Und ihre Töchter haben meine Wohnung mit Leben gefüllt. Sie waren fast jeden Nachmittag bei mir. Wir haben zusammen gespielt, Quatsch gemacht und sie haben mich in die Kultur mit hineingenommen. Wenn zum Beispiel Karneval war und die Stadt sich in ein einziges Fest verwandelte, sind wir alle zusammen hingegangen. Sie wussten aber auch genau, wann man wieder gehen muss. Irgendwann waren so viele betrunken, dass es für uns zu gefährlich wurde. Ich konnte das am Anfang gar nicht einschätzen, aber mit ihnen fühlte ich mich sicher.

Irgendwann war es so weit, dass wir jeden Feiertag zusammen verbrachten. Sei es Weihnachten, Ostern oder auch der Nationalfeiertag am 28. Juli – Chavi und ihre Töchter waren bei mir. Grund dafür war auch der weitverbreitete Alkoholmissbrauch. Als ich eines Tages in ihrem Hof war, lernte ich das problematische Umfeld kennen, in dem sie mit ihren Töchtern lebte. Chavis Mann war weg. Er hatte sie wegen einer anderen verlassen. Aber sie lebte bei ihren Schwiegereltern, zusammen mit weiteren Geschwistern ihres Mannes und deren Familien. Jeder Einzelne von ihnen hatte ein Alkoholproblem, und wenn sie betrunken waren, dann wussten sie nicht mehr, was sie taten. Am Schlimmsten waren für Chavi und ihre Töchter die Feiertage. Alle auf dem Hof haben sich volllaufen lassen und Chavi hat sich mit ihren Töchtern in ihr Zimmer eingesperrt. Sonst hätte alles Mögliche passieren können. Als sie mir das eines Tages erzählten, war klar, dass wir die Feiertage in Zukunft bei mir zusammen feiern würden. Und das war für mich gut, denn so hatte ich Gemeinschaft, und es war auch für sie gut, denn so konnten sie ohne Angst feiern.

Eine Beerdigung für Fine

Stück für Stück wuchsen wir weiter zusammen. Und ich kann wirklich sagen, dass zwischen uns Liebe gewachsen war. Das wurde mir an dem Tag klar, als meine erste Hauskatze, Fine, eingeschläfert werden musste: Fine war ein Katzenjunges, das mir Chavi geschenkt hatte. Chavi hat wie die meisten anderen Peruaner zu Katzen ein ganz anderes Verhältnis als ich. Katzen sind für sie Nutztiere, die Ungeziefer fernhalten. Man schmust nicht ständig mit ihnen. Sie leben auch nicht mit im Haus. Ich hatte ein anderes Verhältnis zu Finchen. Ich betüdelte sie, sie schlief in meiner Wohnung, ich habe einen Kratzbaum und Spielzeug. Bei den Einheimischen hier haben die Katzen eine ganz andere Lebenswirklichkeit. Als Fine eingeschläfert werden sollte, habe ich Chavi angerufen, um ihr das zu sagen. Schließlich war sie ja ein Geschenk von ihr. Kaum hatte ich den Hörer aufgelegt, da standen Chavi und ihre Töchter schon vor meinem Haus. „Wir können dich nicht alleine lassen. Nicht in so einer Situation. Du leidest, du kannst nicht alleine bleiben." Wir standen alle um Fine herum, als der Tierarzt sie einschläferte. Aber das war noch nicht alles. Als die Katze tot war, rief Chavi die Truppe von *Paz y Esperanza* zusammen. Etliche von ihnen kamen und brachten eine große Flasche Cola mit, eine Schaufel und einen Schuhkarton, der als Sarg umgestaltet wurde. Und dann wurde die Katze beerdigt und jeder der Umstehenden erzählte, wie traurig es wäre, dass das Finchen jetzt tot sei, obwohl die meisten sie gar nicht kannten. Ich dachte die ganze Zeit: Wo ist die versteckte Kamera? Ich fand die Situation liebevoll grotesk. Ja, ich war traurig, dass Fine gestorben war. Aber dafür so ein Aufriss? Ich habe gemerkt, dass sie das alles nur für mich taten. Wie gesagt, für sie sind Katzen ja bloß Nutztiere.

Am Abend wurde noch der Leichenschmaus „Pollo à la Brasa" – Brathähnchen – bestellt. Und als dann alle nach Hause gegangen waren, bedankte ich mich bei Chavi und wollte mich gerade von ihnen verabschieden, als sie sagte: „Du bleibst doch heute Nacht nicht allein daheim. Fio und Anabell schlafen bei dir." Und das bedeutete: wirklich BEI mir. In meinem Bett schliefen wir zu dritt: Ich lag in der Mitte, rechts ein Zwilling, links ein Zwilling. Ich habe die Augen nicht zugemacht. Erstens vor Angst, ja keine aus dem Bett zu schmeißen, wenn ich mich bewegte. Zweitens aber war ich glücklich wie Graf Koks von Gockelburg, weil ich dachte: Ei, die vertraut mir ihre Mädels an! Jetzt sind wir wirklich eine Familie.

Bei ihnen darf ich so sein, wie ich bin, auch wenn sie manches an mir nicht verstehen – sie stehen zu mir. Und ich weiß, dass ich auch heute noch Sachen mache, die sie seltsam finden. Und trotzdem haben sie mich angenommen, wie ich bin. Natürlich bin ich hier in Andahuaylas auch mal einsam. Auf jeden Fall. Aber nicht so, dass ich das Gefühl habe: Ich bin wirklich einsam, und wenn ich sterbe, ist niemand da. Nein, auf keinen Fall. Manchmal war ich in Curahuasi mit all den Missionaren oder in Erlangen viel einsamer als hier. Hier habe ich manchmal eher das Gefühl, ich bin alleine. Ich bin für mich. Dass ich mich einsam fühle, das kommt hier selten vor. Das ist für mich ein großes Wunder. Ich war und bin nicht alleine in Andahuaylas. Ich war und bin nicht alleine in meiner Wohnung. Ich war und bin nicht alleine. Gott hat dafür gesorgt, dass ich hier eine Familie habe. Sonst wäre ich vermutlich auch nicht dazu gekommen, casayohana aufzubauen.

Amrei

Gott hatte mir mit Chavis Familie nicht nur eine zweite Familie gegeben. Er hat mir auch noch andere Freunde gegeben, sogar eine, die meine Sprache spricht. Immer wieder durfte ich Freundschaften mit Missionaren in Diospi schließen. Nur leider gingen sie immer nach ein paar Jahren wieder zurück nach Deutschland. Aber einen ganz besonderen Menschen hat mir Gott dauerhaft an meine Seite gestellt, und das kam so:

Als ich noch nicht lange in Andahuaylas war, musste ich Heike, eine Missionarsfreundin aus dem Dschungel, verabschieden. Ich konnte sie mit ihrer Familie noch mal in Lima treffen und bei diesem Treffen sagte sie zu mir, dass ihre letzte „offizielle Amtshandlung“ hier noch sei, dass ich eine Missionarin aus Lima kennenlernen müsse, von der sie annahm, dass wir uns super verstehen würden.

Ihr Name ist Amrei. Seit 2004 waren sie und ihr Mann als Missionare in Lima, auch mit der VDM. Heike ließ mir ihre Nummer da, und ich rief sie an. Für den nächsten Tag haben wir uns verabredet. Wir haben uns in einem Café im Jockey Plaza, einem großen Einkaufszentrum in Lima, getroffen. Fast so wie bei einem Blind Date. Falls es nicht passen sollte, wäre es nicht zu persönlich. Aber wir haben uns von Anfang an richtig gut verstanden und aus einer Tasse Kaffee wurde ein ganzer Nachmittag voller guter Gespräche. Irgendwann sind wir dann zu ihr nach Hause umgezogen, um dann dort noch zusammen mit ihrem Mann bis tief in die Nacht zu sitzen.

Seit 2014 kann ich nun auf sie zählen. Sie wurde mir eine gute Freundin, mit der man reden und lachen und schlemmen und heulen und sich ärgern und beten und man selbst sein kann. Ein echtes Gegenüber. Ich bin Gott sehr dankbar für diese Freundschaft, die auch Dirk, ihren Mann miteinschließt. Beide helfen uns auch immer wieder bei Vereinsfragen. Amrei ist seit 2018 Teil des Vorstands von casayohana, dem peruanischen Verein. Sie hält für uns die Stellung in Lima, wenn Pakete ankommen, Sachen besorgt werden müssen, die es hier nicht gibt, Dokumente erstellt und beglaubigt werden müssen … Wann immer ich sie brauche, setzt sie sich ins Flugzeug und kommt.

Kapitel 6

Das sterbende Mädchen – der Beginn von casayohana

Die Leiden der Frauen

Die Frauen im Bergland Perus müssen viel durchmachen. Je länger ich hier war, desto tiefer wurde mein Einblick in ihre Not. Die meisten haben Männer, die ihren Frust im Alkohol ertränken. Nicht selten ergeben sich daraus Gewaltsituationen. Frauen haben keine Chancen, ihnen zu entgehen. Denn wo sollten sie hingehen? Die meisten haben keinen Schulabschluss, keine Ausbildung, sie sprechen oft kein Spanisch. Und arbeiten und gleichzeitig Kinder versorgen ist eine Sache der Unmöglichkeit. Deswegen leiden die meisten lieber unter der Gewalt ihrer Männer, als dass sie es riskieren, alles zu verlieren. Dieses Leid ist hier selbstverständlich. Frauen, die nicht misshandelt werden, sind die Ausnahme. Eine traurige Tatsache, die das Selbstbild der Frauen hier in den Bergen prägt. Der Wert einer Frau ist gering – so gering, dass viele selbst die Gewalt, die sie von ihrem Mann erleben, als gerecht empfinden.

Das musste sich ändern und ich wollte meinen Teil dazu beitragen.

Chavi – ein Schicksal wie viele

Bei den Einsätzen mit *Paz y Esperanza* habe ich viele Frauen kennengelernt und von vielen Schicksalen gehört. Alkohol und

Gewalt sind ein flächendeckendes Problem hier im Land. Darüber gibt es auch offizielle Studien. Fast jede Frau hat eine Leidensgeschichte zu erzählen. Eines dieser Schicksale war ganz nah bei mir: Chavi – meine Haushaltshilfe, die mit ihren Töchtern zu meiner Familie wurde. Ihre Geschichte klingt wie eine Ausnahme. Sie ist es aber leider nicht.

Chavis Mutter wurde von ihrem Stiefvater schwanger, und das nicht freiwillig. Erzählen konnte sie es niemandem. Die junge Frau schämte sich. Sie konnte diese Situation nicht aushalten und ist deswegen, kurz nachdem Chavi geboren wurde, nach Lima abgehauen. „Meine Nabelschnur war nicht mal abgefallen, als meine Mutter weggegangen ist. Sie ließ mich auf dem Feld, auf dem sie mich geboren hatte, zurück“, erzählt Chavi.

Chavi blieb bei der Großmutter, aber auch die hatte kein schönes Leben und ertränkte ihren Kummer im Alkohol. Die Kleine war sich selbst überlassen. Ihre Spielgefährten waren die Tiere auf dem Hof. Niemand kümmerte sich so richtig um die Kleine. Als sie dann fünf Jahre alt war, kam die Mutter wieder und wollte Chavi zurückhaben. Aber die kannte sie nicht. Trotzdem musste Chavi mit nach Lima, was es für sie nur noch schlimmer machte. Immer, wenn es der Mutter zu viel wurde, kam sie wieder zur Großmutter. Ihr Leben war ein einziges Hin und Her.

Als Chavi heiratete, trat sie in die Fußstapfen so vieler Frauen hier. Auch ihr Mann trank und schlug sie. Als ihre erste Tochter vier Jahre alt war, kamen die Zwillinge. Die beiden Mädchen waren Frühchen, sie wurden schon im siebten Monat geboren. Und da Chavi auf dem Land wohnte, wo es weder Intensivversorgung noch ein funktionierendes Krankenhaus gab, musste improvisiert werden. Die Dorf-Hebamme hat die Mädchen auf Chavis Brust gebunden, an jede Brust ein Kind, und hat sie in Tücher gewickelt und zu ihr gesagt: „Die nimmst du jetzt drei

Monate nicht ab, und wenn sie das überleben, dann haben sie eine Chance."

Sie hat ihnen die Namen „Fiorella Anabel" und „Anabel Milagros" gegeben. Diese Doppelung hat einen Grund: Anabel Milagros war zierlicher und schwächer als ihre Schwester. Und im Falle, dass sie es nicht schaffen würde, sollte ein Teil von ihr mit Fiorella im Namen weiterleben. Milagros – Anabels zweiter Name – bedeutet „Wunder". Denn es ist ein Wunder, dass auch sie überleben durfte.

Chavi hatte die Zwillinge tatsächlich drei Monate lang auf der Brust getragen. So wurden die Frühchen warm gehalten. Einen Inkubator gab es hier nicht, denn es war die bitterarme Zeit nach dem Terror des Leuchtenden Pfads. Nur zum Wickeln und Waschen hat sie ihre Töchter abgenommen. Was für eine wunderbare Frau!

Von ihrem Mann konnte Chavi keine Hilfe erwarten. Der Alkohol hatte ihn fest im Griff. Wenn er abends nach Hause kam und nicht zu betrunken war, reichte ein Ton, den die Kinder von sich gaben, um ihn zum Ausrasten zu bringen. Das hat dann Chavi zu spüren bekommen. Regelmäßig hat er sie geschlagen. Sie hatte Angst vor ihm, eine so tief sitzende Angst, dass sie immer wieder aus der Tür schaute, um zu sehen, ob er gerade nach Hause kam. Und wenn sie ihn dann vorne in die Straße einbiegen sah, ist sie hintenrum abgehauen und hat sich in der katholischen Kirche versteckt, solange sie konnte. Die Kirche war das einzige Gebäude, das immer offen stand. Bis zehn Uhr abends konnte sie sich dort verstecken. Dort hat sie sich mit ihren drei Töchtern unter eine Bank gedrückt, sodass man sie nicht fand. Manchmal hat es geklappt, manchmal nicht. Auf dem Weg nach Hause hat sie gebetet: „Gott, lass ihn bitte, bitte eingeschlafen sein." Manchmal hatte sie Glück, manchmal nicht. Das hat sie jahrelang ausgehalten.

Irgendwann hat sie ihr Mann wegen einer anderen Frau verlassen. Was für andere eine Katastrophe gewesen wäre, war für Chavi der Beginn eines neuen Lebens. Endlich konnte sie aufblühen. Ja, sie hatte weniger Geld, anfangs gar keines, aber die tägliche Angst wurde weniger.

Ich finde es unglaublich, dass aus ihr so eine starke Frau geworden ist. Als ich Chavi und ihre Töchter kennenlernte, war Eve, die Älteste, gerade 16, hatte die Schule abgeschlossen und war kurz davor, ein Studium zu beginnen. Chavi hat ihre Familie alleine durchgebracht. Sie ist um drei Uhr morgens aufgestanden, hat Quinoa-Brei gekocht und sich um fünf Uhr an eine Straße in Talavera gestellt, um den Brei zum Frühstück zu verkaufen. Jeden Morgen. Außerdem hat sie überall geputzt – alle Aufträge angenommen, die sie kriegen konnte. Und all das für ihre Töchter. Verbittert ist sie dadurch nicht geworden. Ihr ist es ein Anliegen, dass Frauen selbst arbeiten und unabhängig von Männern werden. Früher hat ihr Mann sie immer mit Worten gedemütigt: „Ohne mich bist du nichts. Wie willst du alleine die Kinder durchbringen? Du kannst doch nichts!" Heute wirkt sie selbstsicher und ist auch ein bisschen stolz auf das, was sie erreicht hat.

Das Volk der Quechua – in Peru Menschen zweiter Klasse

Als Volk der Quechuas werden Menschen bezeichnet, die sich einer Ethnie verbunden fühlt, deren Sprache das Quechua ist. Quechua wiederum ist eine indigene Sprache, die in verschiedensten Varianten in der gesamten Andenregion Südamerikas gesprochen wird. Das heißt, Quechuas sind nicht gleich Quechuas.

Prinzipiell kann man sagen, dass die indigenen Bevölkerungsgruppen in den Anden schon seit der Kolonisation durch die

Spanier diskriminiert wurden. Sie haben eine ungefähr 500-jährige Geschichte der Unterdrückung hinter sich. 500 Jahre wurden sie entweder nicht beachtet, vergessen, versklavt, diskriminiert oder abgeschlachtet. Das ist in der DNA des Volkes sozusagen verankert. Für die Regierung in Lima war es lange zweitrangig, was in den Andenregionen passierte. Entsprechend schlecht war es um den Selbstwert dieser Menschen bestellt.

Und wenn die Andenregion doch einmal ins Blickfeld geriet, dann deswegen, weil es dort Probleme gab.

In der jüngeren Geschichte waren die Regionen Apurimac und Ayacucho das Zentrum eines schlimmen Guerillakrieges gewesen. Ich hatte das an anderer Stelle schon kurz erwähnt. Aber um den Kontext der einzelnen Schicksale richtig zu verstehen, sollten wir hier noch mal kurz in die Tiefe gehen. In den 80er- und 90er-Jahren des vergangenen Jahrhunderts wütete der Leuchtende Pfad (Sendero Luminoso) in ganz Peru. Das war eine terroristische Guerillaorganisation, die angelehnt an den marxistisch-leninistischen Kommunismus eine Revolution forderte, weil sie die indigene Bevölkerung – die eigentlich die Mehrheit bildete – diskriminiert sahen. Auch wenn es im Grunde um Gerechtigkeit ging – die Umsetzung hätte grausamer nicht sein können. Der Leuchtende Pfad hat das Land über fast zwei Jahrzehnte in Angst und Schrecken versetzt. Die Anschläge und Konflikte haben über 70.000 Menschenleben gefordert. Die Regionen Ayacucho und Apurimac – Letzteres ist das Bundesland, in dem Andahuaylas liegt – waren das Epizentrum dieser terroristischen Bewegung. Schon in den 60er-Jahren war hier die ärmste Region des Landes und deswegen konnte diese Bewegung hier schnell Anhänger finden. In den 90er-Jahren, als mit der Festnahme des Gründers Abimael Guzman der Leuchtende Pfad immer weiter zurückgedrängt wurde, war unsere Region ihre letzte Zuflucht.

Allein die Tatsache, dass der Leuchtende Pfad hier aus der Gegend kam, war der Grund für viele Peruaner, diese Region zu meiden und sie sogar abzulehnen. Noch schlimmer jedoch ist das Leid, das den Menschen hier durch den Leuchtenden Pfad und leider auch durch die Regierungstruppen zugefügt wurde. In den Bergdörfern hoch oben in den Anden ging es nicht um Politik. Die Menschen dort hatten ganz andere Probleme. Einmal kamen Kämpfer vom leuchtenden Pfad und haben dort Unterschlupf gesucht. Sie haben alle ermordet, die nicht Teil der Bewegung sein wollten. Und dann kamen die Regierungstruppen ins Dorf. Auch sie haben getötet, wenn die Leute nicht gesprochen haben. Omas haben ihre Enkel verraten, die Frau ihren Mann und die Cousine den Cousin. Dieses Misstrauen steckt bis heute tief in den Menschen drin. Und wenn man heute in die Familien geht und sich Geschichten aus dieser Zeit erzählen lässt, wird einem einiges klar.

Die Kinder, die damals am Wegrand standen und die Massaker der Erschießungskommandos mit angesehen haben, bei denen ihre Väter mit Kopfschüssen hingerichtet und ihre Mütter geschändet wurden – diese Kinder sind die Erwachsenen von heute. Das ist gerade einmal etwas mehr als 20 Jahre her. So wie wir uns in Deutschland an die Wiedervereinigung erinnern, erinnern sich die Menschen hier an diese grausame Zeit. Es ist kein Wunder, dass sie ein besonderes Verständnis von Werten haben. Sie haben Grausamkeiten erlebt, die sich tief in ihre Psyche eingebrannt haben und ein Teil ihres Lebens geworden sind. So etwas prägt und man weiß einfach nicht mehr, was gut und was böse ist.

Die Kinder, die das damals erlebt haben, glauben oft, dass Gewalt der einzige Weg ist, um Respekt und Anerkennung zu bekommen. Das heißt, wenn sie selber gewalttätig werden, werden sie vielleicht auch respektiert. Ich habe sehr viele liebe Väter kennengelernt. Aber auch sie spüren diesen Druck, dass sie sich durchsetzen müssen, um respektiert zu werden. Der Wert des Mannes wird oft darüber bestimmt, wie gut er sich durchsetzen kann, wie gut er als Mann seine Familie im Griff hat. Dazu kommt, dass die Menschen hier oben nicht viel haben. Es gibt wenig Arbeit. Durch die harte Arbeit auf dem Feld altern die Menschen hier schneller und manche sind schon mit 30 mit ihren Kräften am Ende.

Auch Alkohol und Coca-Konsum ist ein echtes Problem in der Gegend. Männer und auch Frauen trinken hier, um zu vergessen. Es ist ein Massenphänomen, denn man findet kaum einen Mann, der nicht ein Problem mit dem Alkohol hat. Bei Frauen ist es weniger verbreitet, aber es kommt vor. Alkohol wird hier benutzt, um zu vergessen. Es gibt nicht das Glas Wein beim gemütlichen Zusammensitzen oder das Bier beim Grillen. Wenn sich jemand vornimmt, Alkohol zu trinken, dann macht er oder sie es, bis die Lichter ausgehen. Am Anfang meiner Zeit hier konnte ich das noch nicht so ganz überblicken. Aber je mehr ich die Geschichte der Quechuas kennengelernt habe, von den traumatischen Erlebnissen der Terror-Zeit gehört habe, desto weniger wundert mich, dass der Alkohol für viele ein Ventil geworden ist. Es wird hier nicht getrunken – es wird gesoffen, um zu vergessen. Und die Menschen vergessen sich auch und die meisten werden aggressiv, wenn sie betrunken sind. Sie lassen ihren Frust raus und tun Dinge, die sie im nüchternen Zustand vielleicht nicht getan hätten. Ein Satz, den ich schon oft während Therapiegesprächen gehört habe, ist: „Er hat sich entschuldigt. Er war betrunken und konnte nichts dafür." Ich muss aufpassen, wem ich erzähle, dass ich in Deutschland auch gern mal ein Glas Wein trinke. Denn dann denken die Menschen gleich, ich wäre Alkoholikerin. Die meisten Menschen hier kennen es nicht anders: Wer trinkt, ist Alkoholiker.

Auch Drogen spielen hier eine Rolle. Coca wird unter der hart arbeitenden Bevölkerung gekaut, um keine Müdigkeit, keinen Hunger und keinen Schmerz zu empfinden. Man kaut die Blätter zusammen mit Pflanzenasche. Das wirkt lange nicht so stark wie Kokain, aber gerade genug, um Gefühle und Bedürfnisse abzudämpfen. Für viele Hochlandbauern die einzige Möglichkeit, um ihre schwere Feldarbeit überhaupt ertragen zu können. Die körperlichen und emotionalen Konsequenzen, wenn man permanent über die eigenen Grenzen geht, weil man sie nicht wahrnimmt, stehen auf einem ganz anderen Blatt.

Das Treffen mit Yohana – eine neue Aufgabe

Die Geschichte von Chavi ist kein Einzelfall. Es gibt viele ähnliche Geschichten von Frauen, die misshandelt und geschlagen wurden. Meine Mission in Andahuaylas war klar: Ich wollte diese Frauen unterstützen, denen sonst niemand half. Der erste Schritt waren meine Einsätze mit den Mitarbeitern von *Paz y Esperanza.* Diese Zeit war wertvoll, weil ich zum ersten Mal sehen konnte, wie es im Alltag der Menschen hier wirklich zuging. Allerdings konnte ich damals noch nicht ahnen, dass ich bei meiner zukünftigen Arbeit nicht nur Frauen im Fokus haben würde.

Das Treffen mit Yohana kam unerwartet. Die Begegnung mit dem 12-jährigen Mädchen hatte in mir etwas ausgelöst, das ich nicht wirklich in Worte fassen konnte. Gott hatte mal wieder einen Schalter bei mir umgelegt. Ich sah das Leiden dieses Kindes mit Behinderung, und ich wollte sein Leben verbessern. Da war es schon wieder: „Wenn du kannst, dann hilf!" Ihr Tod hat mich aufgerüttelt und hat mir den Weg gezeigt. Damals – dort oben auf dem Berg –, als wir auf den Sarg für sie warteten und ihr Vater mich mit seinen Worten tröstete: „Und jetzt ist Yohana bei Gott. Und sie läuft über die Wiese, sie singt und springt und tanzt. Und nichts mehr tut ihr weh." Da entstand die Vision. Da entstand casayohana.

Nicht nur die Frauen hier brauchten Unterstützung. Es war genauso wichtig, dass Kinder mit Behinderungen oder chronischen Erkrankungen, deren Existenz vielfach verheimlicht wurde, als lebendige Wesen mit Würde wahrgenommen wurden. Jemand musste für sie sprechen. Allein in dem Dorf, in dem Yohana gelebt hatte, gab es noch fünf oder sechs weitere Kinder mit Behinderung. Menschen, die man auf der Straße kaum sah. Die Scham der Eltern war zu groß. Diesen Kindern gab man keine Chance auf ein gutes Leben. Sie waren eine Last. Sie waren ein Makel. Ihr Leben, so dachten viele, war nicht lebenswert. Mich ließ der quälende Gedanke nicht los: Wenn diese Kinder woanders geboren wären und sie medizinische und physiotherapeutische Beratung erfahren hätten, würde es ihnen anders gehen. Yohana würde noch leben. Hätte, hätte … Dieser Gedanke brachte mich aber nicht weiter.

Behinderte Kinder – ein „Problem" für die ganze Familie

Ein Kind mit Behinderung bedeutet hier für die Eltern, dass sie einen Makel haben. Vor allen Dingen für die Väter ist es mit viel Scham verbunden. Sie glauben, sie hätten ein fehlerhaftes „Ding" produziert. Oft stehen sie nicht zu dem Kind, lehnen die Vaterschaft ab. Sie verlassen die Familie oder behaupten, die Frau sei fremdgegangen. Viele Familien, wie die von Pastor Jacinto, verstecken ihr behindertes Kind. Solange man den Makel nicht sieht, scheint nach außen hin alles in Ordnung. Und wenn ein Kind mit Behinderung in der Öffentlichkeit ist, wird es gnadenlos gehänselt – oft von allen, nicht nur von anderen Kindern. Und es wird ganz oft die Frage gestellt, warum es denn überhaupt da ist. Warum man sich damit überhaupt belastet. Warum die Eltern „nichts dagegen tun".

Ein Beispiel hierfür ist eine Mitarbeiterin von uns. Sie hat ein schwerstbehindertes Kind. Der Junge geht in eine Schule für Menschen mit Behinderung. Eine solche Schule gibt es tatsächlich hier. Das Kind hatte vor Kurzem einen Schleimpfropf im Hals, es konnte dadurch nicht mehr atmen und wurde deswegen ins Krankenhaus gebracht. Die Mutter war gerade hier am Arbeiten und ist sofort hingefahren. Die Ärztin fragte sie, wie alt ihr Sohn sei, und war ganz entsetzt, als unsere Mitarbeiterin sagte, er sei sieben Jahre alt. Dazu muss man sagen, dass er für sein Alter sehr klein ist. „Sieben Jahre hast du den daheim gehabt? Und die ganzen sieben Jahre hast du dich mit ihm belastet?" „Aber er ist doch ein Mensch. Er hat doch einen Wert. Es ist doch gut, dass er da ist", konterte unsere Mitarbeiterin, worauf die Ärztin nur erwiderte: „Ja, und warum hast du ihn nicht bei dir? Warum ist er dann in der Schule? Warum muss so ein Kind in der Schule sein und alle anderen aufhalten? Warum belastest du damit auch noch andere?" „Er ist einen halben Tag in der Schule, weil ich arbeiten muss. Wir müssen ja von irgendetwas leben. Mein Mann hat uns verlassen." Und dann hat die Ärztin versucht ihr einzureden, sie solle den Jungen nach Lima bringen und irgendwo abgeben.

Mütter von Kindern mit Behinderung müssen sich oft den Vorwurf anhören: „Warum hast du ‚das'? Warum hast du noch nicht dafür gesorgt, dass du ‚es' los wirst? Das ist doch nur eine Last. Du bist doch eine hübsche Frau. Du bist doch eine starke Frau, du kannst doch noch mal Kinder kriegen." Oder: „Du hast schon vier gesunde Kinder, was willst du denn ‚damit' noch?" Diese Vorwürfe kommen von überall. Die Frauen werden in der Familie damit konfrontiert ebenso wie in der Nachbarschaft. Je kleiner die Dörfer sind, desto schlimmer ist auch der soziale Druck. Es ist eine riesige Leistung, wenn eine Mutter, ein Vater sagt: „Ich habe ein behindertes Kind und ich tue etwas für dieses Kind."

Armut und Behinderung – die Infantile Cerebralparese

Viele „unserer" Kinder mit Behinderung hier im Bergland haben eine sogenannte ICP – Infantile Cerebralparese. Das ist eine frühkindliche Hirnlähmung, die durch Sauerstoffmangel kurz vor, während oder nach der Geburt ausgelöst wird. Dadurch wird das Gehirn geschädigt, was meistens zu Krampfleiden oder Spastiken führt. Hier im Bergland kommt die Infantile Cerebralparese relativ häufig vor. Offizielle Statistiken gibt es zwar keine, aber wir begegnen dieser Störung hier oben sehr oft. Der Grund ist auch einleuchtend: ICP entsteht meist während der Geburt. Hier oben gibt es wenige gut ausgestattete Krankenstationen, in denen die Frauen gebären können. Dazu kommt noch, dass viele Frauen irgendwo in den Bergen leben und die nächste Krankenstation zwei Stunden Autofahrt entfernt liegt. Die meisten Kinder werden zu Hause oder auf dem Feld geboren. Weit und breit ist einfach oft kein Mensch, der professionell helfen könnte. Es gibt auch keine Telefonverbindung, über die man ärztlichen Rat einholen könnte. Wenn dann das Kind ein Problem hat, dann hat es ein Problem. Niemand kann schnell eingreifen. Es gibt keine Saugglocke, es gibt keinen Kaiserschnitt. So kommt es schnell zum Sauerstoffmangel.

Die Ausprägungen der ICP sind sehr unterschiedlich. Die Krankheit sagt primär nichts aus über die Intelligenz des Kindes. Manche haben intellektuell eine ganz oder fast ganz normale Entwicklung. Im Projekt haben wir ein paar Kinder, die ICP haben. Zum Beispiel Jana, die 14 Jahre lang in ihrem Körper eingesperrt war. Ihre Verwandtschaft dachte, sie sei geistig behindert. Als sie dann zu uns in die Therapie kam, stellte sich heraus, dass sie „bloß“ aufgrund der Verkrampfungen nicht kommunizieren konnte. Inzwischen spricht sie über ein Tablet mit uns. Ganze Sätze tippt sie. „Hallo Bine, ich habe Hunger! Ich will einen Film schauen, Nelli …“ 14 Jahre lang haben alle gedacht, sie wäre „dumm“. „Ach du Schande, dann hat sie alles verstanden, was ich zu ihr sagte?“, fragte uns ihre Tante entsetzt. Jetzt unterhält sie sich mit uns, spielt mit unseren Kurzzeitlern UNO und hat TikTok für sich entdeckt.

Es gibt aber auch Kinder, die durch das Krampfleiden einen so starken Hirnschaden erlitten haben, dass sie eine geistige Beeinträchtigung haben. Bei einer Infantilen Cerebralparese ist die ganze Bandbreite möglich. Dass gerade diese Art von Behinderung gut therapierbar ist und Kinder, die so etwas erleiden, ein gutes Leben haben können, weiß man hier nicht. Woher auch? Eine unserer Aufgaben ist gerade auch die Aufklärung in diesem Bereich. Mit ganz wenig Aufwand können wir dadurch schon das Leben dieser Kinder verbessern. Pastor Jacinto hatte mir ja bereits weitere Kinder vorgestellt. Und in den nächsten Wochen und Monaten sollten immer mehr dazukommen.

Glücklich, weil's genau passt

In meiner Zeit in der Klinik in Curahuasi hatte ich eine ganz tolle Pflegedienstleitung gehabt: Ortrud, eine echte Berliner Schnauze, eine tolle Frau, die inzwischen in Rente ist. Mit ihr habe ich mich in Curahuasi schon gut verstanden. Man konnte mit ihr ‚vom Hölzchen aufs Stöckchen‘ kommen und einen

Abend genießen. Aber man konnte mit ihr auch hart diskutieren. Einige Zeit, nachdem ich Yohana kennengelernt hatte, hat sie mich in Andahuaylas besucht. Und sie sagte etwas zu mir, das mich wirklich ermutigte: „Weißte was, Bine, du bist immer noch die gleiche. Aber was mir auffällt: Du bist glücklich, wa?" Im ersten Moment machte mich das stutzig und ich musste darüber nachdenken, aber dann kam ich zum Schluss: Ja, das stimmt. Ich bin glücklich! Aber was ist jetzt anders? Ich kann hier genau das einsetzen, was ich kann und habe. Gott nutzt meine ganzen Ausbildungen, Erfahrungen und Gaben. Und er hat dankenswerterweise genügend Menschen für casayohana begeistert, die sich da mit Begeisterung einbringen, wo ich meine Schwächen habe und wo mir Gaben fehlen.

Und das ist bis heute so – acht Jahre später. Wenn ich an meinem Schreibtisch sitze, in meinem Alltag bin, halte ich immer mal wieder kurz inne, schaue mich um und denke: „Oh Bine, du bist glücklich!"

KAPITEL 7

„Warum ist die Gringa so nett zu uns?“

Begegnungen, die Vertrauen wachsen lassen

Am Anfang meiner Arbeit in Andahuaylas war ganz viel Geduld gefragt. Dabei wusste Gott ganz genau, dass ich nicht wirklich der geduldigste Mensch bin. Ich dachte, ich kenne die Quechua-Kultur, ich hatte ja schon zwei Jahre in Curahuasi gelebt. Dort war jeder freundlich zu uns. Den Grund hatte ich schon genannt: Man wollte durch uns an einen Termin im Krankenhaus oder an Arbeit kommen. Hier in Andahuaylas war es anders. Hier waren die meisten eher zurückhaltend und kritisch. Nach dem Motto: „Was macht die Gringa hier? Was will die hier?“

„Warum ist denn die Gringa so herzlich zu uns? Wann will die dafür etwas haben? Warum ist die so nett zu den Kindern?“ Am Anfang haben sie gedacht, ich wäre gekommen, um Organe zu klauen oder Blut oder am besten gleich die ganzen Kinder. Sie konnten mir nicht vertrauen. Ich hatte den Eindruck, dass in den Seelen der Menschen ein tiefes Misstrauen war. Misstrauen wegen meiner weißen Haut und weil sie es gewöhnt waren, vom eigenen Volk, von den Peruanern, die weißer waren als sie selbst, diskriminiert zu werden.

Da war es gut, dass ich meine Fürsprecher von *Paz y Esperanza* hatte. Langsam lernten die Menschen mich kennen und sie begannen, der fremden Gringa zu vertrauen.

In dem Ort Chachrampa – dort, wo Yohana gelebt hatte – wurde ich schnell bekannt. Da hat es sich rumgesprochen, dass ich keine Organe oder Blut klauen möchte, dass ich keine Kinder mitnehme und dass ich kein Geld verlange. Immer mehr Eltern mit ihren Kindern kamen, wenn wir im Dorf waren, und wollten Beratung. Auch von anderen Dörfern kamen sie. Die Idee von casayohana war geboren, aber das Projekt hatte noch keinen Namen. Ich hatte auch noch keine Mitarbeiter. Die ersten Monate des Projektes, vielleicht das erste Jahr, beschränkte sich meine Hilfe auf das Besorgen von Lebensmitteln, Medikamenten und Windeln. Ich konnte auch schon die ersten Kleider spenden, denn ich hatte jeden, der mich aus Deutschland besuchte, gebeten, einen alten Koffer voller Kleidung für die Bedürftigen mitzubringen. Das war der Preis, um bei mir zu übernachten. Auch die Koffer verschenkte ich an die Familien. Etliche davon dienen heute noch als Kleiderschrank in der ein oder anderen Hütte.

Den Müttern der behinderten Kinder habe ich gezeigt, wie sie ihre Kinder bewegen können und wie sie die Behinderung verstehen können. Neben der materiellen Hilfe und den Übungen bestand meine Arbeit aber hauptsächlich aus Zuhören. Ich saß in den Hütten der Familien und hörte ihnen zu. Wir haben gelacht, wir haben geheult. Oft habe ich gar nicht geredet, sondern einfach nur zugehört. So wollte ich ihnen das Gefühl geben, da ist jetzt jemand, der in einem begrenzten Rahmen versucht, sie zu verstehen. Das kannten die allermeisten Menschen dort oben nicht. Dass man ihnen zuhört, dass man ihnen Beachtung schenkt, war völlig neu für sie.

José soll leben!

Irgendwann sprach es sich auch in Andahuaylas rum, dass eine Gringa da war, die helfen wollte.

Im Rahmen eines Vortrags von *Paz y Esperanza* durfte ich am

Ende das neue Projekt casayohana vorstellen. Hinterher kam ein Pastor auf mich zu und sagte: „Binecita, wir haben eine Frau in der Gemeinde, Nunilda, ich weiß überhaupt nicht, ob die uns reinlässt. Aber sie hat ein behindertes Kind. Es muss schon größer sein, aber ich weiß es nicht genau, da sie es nicht mitbringt. Sie ist eine ganz arme Frau, ich glaube, da ist auch Gewalt zu Hause. Meinst du, wir können sie mal zu Hause besuchen?" „Ja, natürlich", erwiderte ich. Die Frau wohnte in Andahuaylas an einem Hang. Direkt unter dem weißen Kreuz, das oben auf dem Berg über der Stadt steht. Das waren billige und schlechte Grundstücke, die niemand haben wollte, da sie jederzeit abrutschen konnten. Dort oben wohnten die, die kein Geld hatten. Wir sind also diesen Hang raufgeklettert und ich dachte nur: Da oben wohnt ein behindertes Kind? Wie soll das gehen? Und dann hat der Pastor an der Tür geklopft. Wir standen am Hang und mussten schauen, dass wir einen sicheren Halt hatten. Der Pastor erzählte ihr durch die geschlossene Tür, dass wir sie besuchen wollten. „Ich habe eine Gringa mitgebracht. Erschrick nicht." Und in diesem Moment, als er mich vorstellte, riss die Mutter die Tür auf, und es kam ein Hut auf der gefühlten Höhe von 1,40 Meter raus, marschierte direkt auf mich zu und fiel mir um den Hals oder besser gesagt um den Bauch. Sie textet mich auf Quechua zu. Im ersten Moment verstand ich nichts, dann übersetzte der Pastor für mich: „Hermana – was so viel heißt wie Schwester –, schön, dass du da bist. Komm rein. Ich weiß schon seit sechs Jahren, dass du kommst." Ich musste schmunzeln und dachte: Das ist ja was, ich wusste vor sechs Jahren noch nicht mal, dass ich nach Peru gehen würde. Wir gingen in ihr Häuschen. Und da lag der neunjährige José, ganz dünn, auf ein paar Wolldecken am Boden. Der Raum hatte keine Fenster. Es war stockdunkel, und nur wenn die Tür auf war, ist Licht hineingefallen. Es gab zwar eine Lampe mit Glühbirne an der Decke, doch sie konnten die Stromrechnung nicht bezahlen. Dann erzählte sie mir: „Ich habe vier Töchter. Mein Mann trinkt viel. Mal war er weg, mal wieder da. Er hat mich geschlagen, weil ich keinen Jungen zur Welt gebracht habe. Ich war für ihn nicht zu gebrauchen." Als sie wieder schwanger wurde, hat er sie ständig misshandelt, weil er der Meinung war, sie würde ihm wieder nur eine Tochter und keinen Sohn zur Welt bringen. Und dann kam José. Es war nicht klar, ob seine Behinderung eine Folge der Misshandlungen war. Er war schwerstbehindert. Der Vater wurde dadurch noch wütender und hat noch mehr getrunken. Er wurde unfähig zu arbeiten. Die Mutter musste als Tagelöhnerin auf die Felder gehen, um die Familie durchzubringen. Einige Male hat der Vater versucht, José umzubringen. Eines Tages, als sie gerade auf einem Feld bei der Arbeit war, spürte sie eine innere Unruhe und dachte: „Irgendwas ist mit José." Sie raste den Berg hinunter und bat Nachbarinnen, die gerade am Wegrand standen, mitzukommen. Dann ging sie in die Hütte und sah, wie ihr Mann im Suff versuchte den dreijährigen José zu ersticken. Gemeinsam mit ihren Nachbarinnen zog sie ihren Mann von ihrem Sohn herunter und warf ihn aus der Hütte. Als er ging, schrie er sie noch an: „Du bist nichts, du kannst nichts. Wenn ich jetzt gehe, komme ich nie wieder. Überlege es dir gut." Ihr Mann sollte tatsächlich nicht mehr zurückkommen.

Sie erzählte uns, was dann in ihr vorging: „Im ersten Moment war ich erleichtert. Doch dann, im zweiten Moment, kam der Gedanke: „Ich wohne im Haus von meinem Mann, der nicht sehr gut auf mich zu sprechen ist, ich spreche kein Spanisch, ich habe vier Töchter und einen behinderten Jungen – wie soll ich das bloß schaffen?" Und sie hat uns diesen Moment dann folgendermaßen beschrieben: „Ich habe mich auf den Boden geworfen und habe geheult und geheult. Und dann habe ich gehört, wie Gott zu mir sprach: ‚Nunilda, ich verstehe dich, das ist viel zu viel Last für dich. Wenn du willst, dann hole ich José heute Nacht zu mir.'" Sie stand schwungvoll auf, stemmte die Hände in die Hüften und antwortete Gott: „Der José ist der einzige Mann im Haus. Das machen wir nicht!" Und dann hörte sie, wie Gott zu ihr sagte: „Dann warte und bete – ich schicke dir Hilfe." Damals war José drei Jahre alt. Als ich zu ihr kam, war er neun. Sechs Jahre lang hat sie die niedrigsten Arbeiten verrichtet, die man hier machen konnte, ohne des Spanischen mächtig zu sein. Weil sie eine kleine Frau ist, hat sie in der Kanalisation gearbeitet. Sie konnte gut durch die Rohre klettern. Sie hat im Straßenbau Steine zurechtgeklopft, sie hat auf dem Bau und auf dem Feld gearbeitet. Sie hat alles gemacht, um ihre Familie durchzubringen. Diese Frau wurde mir ein Vorbild in Sachen Gottvertrauen. Ich war zu diesem Zeitpunkt schon einige Jahre in Andahuaylas und betete für deutsche Mitarbeiter. Weil keine kamen, war ich frustriert und lag im Clinch mit Gott. Nunilda ist sechs Jahre lang am Existenzminimum entlanggekrabbelt, sie hat von Almosen aus der Gemeinde gelebt, hat sich Beschimpfungen anhören müssen und ist dabei nicht bitter geworden. Sie hat sich daran festgehalten: „Wenn Gott sagt, er schickt Hilfe, dann schickt er Hilfe!"

José war eines der ersten Kinder im Programm. Ich habe angefangen, ihn durchzubewegen. Das war alles noch weit weg von Physiotherapie. Der Junge brauchte einfach Bewegung. Ich zeigte der Mama, wie sie ihn hinlegen konnte und wie sie ihn hinsetzen sollte. Sie bekam Milchpulver, Windeln, Kleider, ein Bett. Als ich sie nach Diospi Suyana schickte, wurde ICP und ein Krampfleiden bei ihm diagnostiziert und daraufhin wurde er medikamentös eingestellt. José hat zugenommen, was erst mal gut war, denn er hatte ja nichts auf den Rippen. Als er dann aber Normalgewicht hatte, konnte seine Mutter ihn kaum mehr tragen. Und das war ein Problem, denn sie wohnten ja am Steilhang. Und er musste raus, damit seine Sinne stimuliert wurden und er nicht den ganzen Tag im Dunkeln saß.

Wir haben Geld für die Familie gesammelt und wollten ihr ein kleines Grundstück kaufen und darauf ein Haus bauen. Aber es war nicht einfach, im Hochland ein flaches, behindertengerechtes Grundstück zu finden. Drei Jahre lang haben wir gesucht, bis wir ein bezahlbares, ebenerdig an der Straße gelegenes, mit Strom versorgtes Grundstück fanden. Jetzt haben sie ein kleines Haus mit Garten, sodass José immer rauskann. Überall gackern Hühner und hinter dem Haus fließt direkt ein Fluss. Eine der Töchter hat einen Raum, in dem sie ihr Fernstudium machen kann. Der Familie geht es gut. Nunilda ist glücklich und José ist ein anderer Mensch. Wenn wir kommen, sitzt er in seinem Rollstuhl mit übereinandergelegten Beinen und freut sich am Leben. Die neun Jahre, die er ohne Bewegung in der dunklen Kammer verbracht hat und sich das Hirn weggekrampft hat, können wir nicht heilen. Diese Spuren werden bleiben. Aber wir können das bisschen, was er noch an Möglichkeiten hat, fördern und so seine Lebensqualität steigern.

Die Eltern von Yohana – Pastor Jacinto und seine Frau

Wohnraum für eine Projekt-Familie

Die Anfänge: Sprechstunde in der Stadtverwaltung Chaccrampa

Bines mobile Physiotherapiepraxis

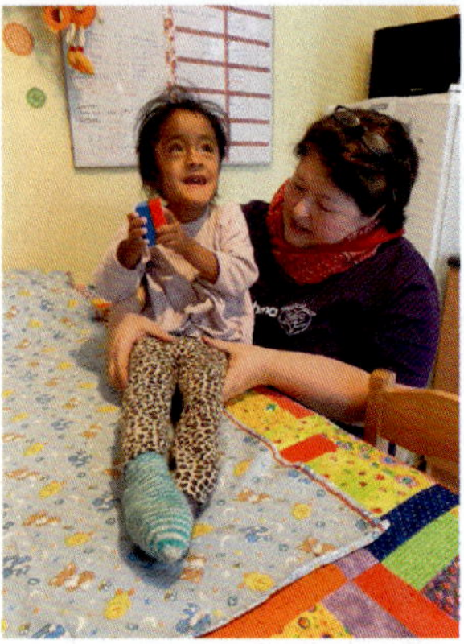

Start mit einem Provisorium: Physiotherapie auf dem Küchentisch

Als José drei war, hat sein Mutter um Hilfe gebetet Sechs Jahre hat sie auf die Gringa, „Mami Bini“ gewartet.

unten: Alex, das einzige gesunde Kin der „Heiligen Familie“, durch einen Axthie schwer verletzt.

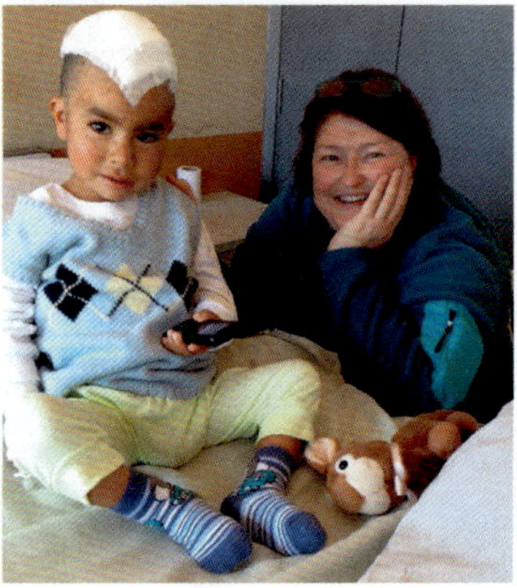

Arón ist stolz auf seine Bibel. Als er einige Zeit später starb, legten seine Eltern die Bibel mit in den Sarg.

Notversorgung: Während der Pandemie haben wir unsere Familien mit dem Nötigsten versorgt.

)as neue casayohana
n Rohbau.

echtes Bild:
)er Garten beim
Neubau wird ange-
egt und alle packen
nit an.

nten: Das Team von
asayohana.

Frauenschulung in casayohana. Hier werden die Frauen über Gesetze gegen häusliche Gewalt informiert. Weitere Themen sind: Ernährung, konstruktive Kritik, Hygiene, Frauenrechte.

unten: Das Projekt „Qurimanta Warmi" (mutige oder wertvolle Frau), eine Lebensschule für Mädchen.

links: Zimmer für Mädchen in der casayohana. Hier wohnen zwei unserer Studentinnen (Studiengänge: Ernährung und Friseur).

Bine Vogel und die Frauen und Kinder von casayohana.

Kapitel 8

Die Männer und ihre Werte

Ich kann was, also bin ich wer

Die Männer hoch oben in den Anden fragen genauso nach ihrem Wert wie Männer bei uns in Deutschland. Alle möchten für sich selber sagen können: „Ich bin jemand, ich kann was und deshalb bin ich ein toller Mann." Wenn diese Menschen, da hoch oben, den Ertrag ihrer Hände anschauen, dann sind es ein paar Kartoffeln, die sie ernten. Manche haben vielleicht weiter unten im Tal noch ein paar Maisfelder und das war es schon. Sie haben nicht viel. Von wegen: ‚Mein Haus, mein Pool, mein Auto'. Die allerwenigsten dieser Menschen dort oben können von sich sagen, dass sie das Leben ihrer Familien wirklich verbessert haben. Trotzdem suchen sie, wie wir alle, nach Anerkennung. Und dann überlegen sie sich: „Was macht mich aus als Mann? Was macht mich wichtig? Was macht mich männlich?" Viele beziehen ihre Männlichkeit aus ihrem autoritären Verhalten. Dass, wenn sie nach Hause kommen, alle sofort spuren. Dass alle das machen, was sie wollen. Es ist hier völlig normal, dass man die Kinder mit der Chicotte, einer Peitsche aus Bast, erzieht. Und wenn es sein muss, auch die Frauen. Wenn man mit ihnen über Gewalt sprechen möchte, dann lachen sie dich aus und ziehen es ins Lächerliche. Einer der Sätze, die man da oben immer wieder hört, ist: „Que más te amo, que más te pego." Also: „Je mehr ich dich liebe, desto mehr schlage ich dich." Für viele Frauen ist das ganz normal. Das ist neben dem Sex die Art von Zuneigung, die sie von ihren

Männern bekommen. Kinder und Frauen sind von Anfang an Schmerzen gewöhnt. Wenn Mädchen älter werden, erleben sie, dass es einfach so bleibt. Sie werden als Kinder geschlagen und später dann auch als Erwachsene. Hermana Isabella, meine erste ehrenamtliche Mitarbeiterin, hat mal gesagt: „Wir sind die Sklaven der Männer." Andere Frauen hier sagen: „Wir sind das Eigentum unserer Männer." Das Haus ist das Eigentum des Mannes, der Hund, die Katze, der Floh, das Pferd, der Floh vom Pferd. Alles das ist Eigentum des Mannes. Aber eben auch die Kinder und die Frau. Erst gehörst du deinem Vater und dann gehörst du deinem Mann. Und wie ich mit der Peitsche auf meinen Esel draufschlage, wenn der nicht funktioniert, so tue ich das auch mit meinen Kindern und meiner Frau. Hier ist das völlig normal. Es kann sein, dass eine schwerstmisshandelte Frau zu uns in die Gespräche kommt und sagt: „Ärgere dich nicht, Binecita, er hat ja recht. Er kam heim und das Essen war noch nicht fertig." Das macht mich sprachlos. Sie kennen es einfach nicht anders. Tief in ihrem Innersten ist bei diesen Frauen der Satz verankert: ‚Ich bin nichts wert.'

Einen Mann habe ich kennengelernt, der ganz anders ist: Don Alberto. Er lebt anders als die meisten anderen Männer. Don Alberto liebt seine Familie und schlägt sie nicht, damit sie spuren. Er ist jetzt keiner, der permanent seine Familie umarmen würde. Das passt einfach nicht zu den Quechuas. Aber er bemüht sich, er spricht mit seinen Kindern – auch mit den Mädels, die jetzt in die Pubertät kommen. Deshalb ist sein Ruf in der Dorfgemeinschaft, in der er lebt, nicht der beste. Wenn im Dorf Entscheidungen getroffen werden, darf er oft nicht mit abstimmen. Die anderen Männer trauen ihm nicht. „Deine Frau und deine Töchter hört man nie schreien. Du bist kein richtiger Mann." Don Alberto ist der Vater der „Heiligen Familie", wie wir in casayohana sie nennen.

Die „Heilige Familie“

Die „Heilige Familie“ ist eine ganz besondere Familie, die ich schon seit meiner Anfangszeit in Andahuaylas kenne. Dass wir sie die „Heilige Familie“ nennen, liegt daran, dass sie in der Dorfgemeinschaft und auch darüber hinaus für ihre Hilfsbereitschaft bekannt sind. Einmal haben sie eine Prostituierte aus den Minen mit ihren zwei Kindern aufgenommen. Sie war verletzt, jemand hatte ihr ihren Pass weggenommen und sie wusste nicht, wohin sie gehen sollte. Sonst hat sie niemand aufnehmen wollen. Die meisten Minen, die es hier oben gibt, sind illegal. Dort leben Frauen, die sich in jeglicher Hinsicht um das „Wohl“ der Männer kümmern, die dort arbeiten. Sie kochen und waschen für sie und dienen ihnen abends eben auch für andere Bedürfnisse. Die Heilige Familie hat einer solchen Frau, die von den meisten verachtet wird, einen Platz gegeben, um sich auszuruhen. Und das, obwohl sie selbst bitterarm sind.

Ich habe sie Anfang 2015 kennengelernt. Sie hatten vier Mädchen und einen Jungen, Alex, der zu der Zeit noch von seiner Mutter gestillt wurde. Mein Eindruck war, dass die Kinder sich nicht konzentrieren konnten und auch Probleme mit dem Verstehen und der Sprache hatten. Ich konnte nicht genau einschätzen, ob sie vielleicht ein verdecktes Krampfleiden hatten, und habe sie deswegen nach Curahuasi in die Klinik geschickt. Dort stellte man fest, dass aufgrund von chronischer Mangel- und Fehlernährung – also z.B. Proteinmangel in der frühen Kindheit – ihre Hirnneuronen nicht so ausgeprägt vernetzt waren, wie es eigentlich der Fall sein sollte. Sie waren geistig unterschiedlich zurückgeblieben. Dass Kinder im 21. Jahrhundert eine Behinderung haben, die darauf zurückzuführen ist, dass sie nicht genug Eiweiß und Ähnliches bekommen, hat mich massiv schockiert. Natürlich hatte ich in der Theorie davon gehört.

Aber jetzt stand ich vor solchen Kindern und es hat mir das Herz zerrissen. Wenn sie als Kleinkinder einfach nur angereichertes Milchpulver bekommen hätten, sähe es bei ihnen heute anders aus. Wir haben Alex gleich ins Programm aufgenommen, haben drauf geachtet, dass seine Mutter sich gut ernährte, sodass er eine ausgewogene Ernährung bekommen hat. Und nachdem sie abgestillt hat, haben wir ihn mit allem Nötigen versorgt. Die Mädels haben Kleidung, Nachhilfe und Schulmaterialien bekommen, Stühle und einen Tisch. Denn bisher mussten sie während der Regenzeit ihre Hausaufgaben in der dunklen Hütte auf den Knien, vor dem Bett machen. Außerdem bekamen sie natürlich auch ausgewogene Ernährung und warme Kleidung von uns.

Wir freuten uns, als wir sahen, dass sie zunahmen, wuchsen, ihre Haut und Haare gesünder wurden und sie langsam in ihrer Entwicklung aufholten.

Ungefähr ein Jahr später bekam ich einen Anruf von Don Alberto. Er schrie panisch in das Telefon, die Verbindung war schlecht. Ich bekam nur Wortfetzen mit wie: „Axt, Kopf, Kind, Verletzung! Unfall!“ Und ich dachte nur: „Hoffentlich hat es nicht das einzige gesunde Kind erwischt. Wie soll die Familie bei alldem jetzt noch ein behindertes Kind versorgen können?“ Folgendes war passiert: Don Alberto war am Holzhacken. Sein Sohn Alex hüpfte um ihn herum. Und wie Kinder so sind, können sie die Konsequenzen ihres Verhaltens nicht richtig abschätzen, geschweige denn Gefahren erkennen. Alex fand es lustig, seinen Vater zu erschrecken, und sprang deswegen direkt vor ihn. Aber genau in diesem Moment hatte Don Alberto schon die Axt in Bewegung gesetzt und zum Holz geschwungen und erwischte den Hinterkopf seines Sohnes.

Sie haben sofort bei mir angerufen, aber weil die Verbindung so schlecht war, habe ich nur diese paar Worte gehört.

Ich rief ins Telefon zurück. „Kommt runter. Organisiert euch sofort eine Fahrt, egal wie, egal in welchem Gefährt. Wir zahlen alles. Wir treffen uns dann im Krankenhaus von Andahuaylas." Nele – meine damalige Kurzzeitlerin – und ich sind dann schon vorab ins Krankenhaus gefahren, obwohl wir wussten, dass sie frühestens in vier Stunden da sein würden. Wir haben uns dort vor den Eingang gesetzt und gebetet. Wir wussten nicht genau, was wir beten sollten. Eine Familie, die es eh schon schwer hat – vier Mädchen, die zurückgeblieben waren, der Vater, dem es auch nicht mehr so gut ging – er hatte Probleme mit der Hüfte und war auf einem Auge blind. Die Mutter war durch die vielen Schwangerschaften und die schlechte Ernährung chronisch geschwächt. Wir wussten zu dem Zeitpunkt noch nicht, dass es Alex war, den die Axt getroffen hatte, und beteten, dass er, dem es relativ gut ging, verschont geblieben war. Nicht weil er ein Junge war, sondern weil die Familie nicht zusätzlich noch ein schwerbehindertes Kind hätte tragen können. Wir beteten. Und dann kamen sie endlich im Krankenhaus an. Der Vater hatte einen leblosen Körper auf den Armen, mit dem er schnell ausstieg. Der Kopf des Kleinen war voller Blut und man konnte das weiße Gewebe vom Gehirn sehen. Wir erkannten ihn. Es war Alex. Unter seiner braunen Haut war er käseweiß. Er war nicht ansprechbar.

Erst hieß es, dass kein Arzt da wäre, der ihn hätte untersuchen können. Und dann haben sie erst einmal die Polizei geholt, die den Vater anzeigen wollte wegen häuslicher Gewalt. Gott sei Dank konnten wir den Polizisten davon überzeugen, dass das gerade nicht das Thema war. Dann mussten wir erst mal los und in den Apotheken rund ums Krankenhaus alles Nötige besorgen. Dazu muss man wissen, dass es in Peru so abläuft: Wenn du ins Krankenhaus gehst, wirst du erst einmal untersucht und dann werden deine Begleitpersonen mit einer Liste losgeschickt, um Utensilien und Medikamente, die für die Behandlung gebraucht werden, zu kaufen. Deswegen sind in der Nähe der Krankenhäuser auch viele Apotheken und Läden für medizinische Utensilien. Wir hatten also alles gekauft. Alex wurde erst mal eine Infusion gelegt. Und weil kein Neurologe, kein Radiologe, kein Chirurg und kein Anästhesist zu der Zeit da war, haben sie ihn einfach erst einmal zugenäht, ohne die Wunde vorher zu säubern. Einfach über den Dreck. Wunde weg – Problem gelöst. Ich war im früheren Leben ja Kinderintensivschwester gewesen und wusste deshalb, wie kompliziert und aufwendig so eine Trauma-Verletzung eigentlich behandelt werden müsste. Mir wurde richtig schlecht. Aber wir hatten keine Wahl. Zumindest erst einmal nicht. Wir haben dann versucht sie davon zu überzeugen, ihn in eine der größeren Kliniken in Cuzco zu überweisen. Erst wollten sie nicht, da die Notfallstation dort wegen eines Unfalls voll war. Schließlich konnten wir sie dann aber doch überzeugen. Weit nach Mitternacht fuhr der Krankenwagen Richtung Cuzco los. Am nächsten Vormittag kam er dort an. Der kleine Alex konnte erst mal stabilisiert werden. Als sie in der Klinik sahen, dass wir von einer nichtstaatlichen ausländischen Organisation (NGO) waren, wurde die weitere Behandlung erst einmal aufgeschoben. Eine NGO hatte doch sicherlich finanzielle Mittel? Sie haben es nicht offen gesagt, aber es war deutlich, dass sie Geld von uns wollten. Aber Bestechung war für uns kein Thema. Als NGO hätten wir uns so angreifbar gemacht und wie sollte irgendjemand unsere Werte und uns je wieder für voll nehmen, wenn wir uns darauf einlassen würden? Wir waren schon verschärft verzweifelt, uns blieb „nur“ wieder das Gebet. Um 22 Uhr abends, als für alle klar war, dass wir nichts bezahlen würden, wurde Alex endlich in den OP gebracht.

Wir haben in der Klinik in Cuzco vor dem OP-Trakt gesessen

und gewartet. Was betest du in so einer Situation? Ich dachte an die Eltern, an den bis jetzt fröhlichen, aufgeweckten Jungen: „Herr, bitte lass zu, dass er entweder nicht lebend aus dem OP herauskommt. Die Belastung eines wirklich schwer behinderten Kindes würde diese Familie nicht stemmen können. Oder lass ihn gesund und munter rauskommen." – Das war hart. Wir rechneten mit dem Schlimmsten.

Nachts um zwei Uhr gingen dann die OP-Türen auf – in Deutschland wird ein Patient nach einem solchen Eingriff in Narkose gehalten, heruntergekühlt und überbeatmet, damit sich das Gehirn erholen kann. Alex war wach und ansprechbar, als er aus dem OP geschoben wurde. Als er an uns vorbeikam, schaute er mich an und sagte: „Hay Yogur, Mami Bini?" Also: „Gibt es Joghurt, Mama Bine?" Wir waren überwältigt. Gott ist unglaublich!

Die Nachbehandlung allerdings gestaltete sich schwierig. Es wurde kein Verbandswechsel gemacht. Er bekam keine Antibiose. Seine halbseitige Bewegungseinschränkung, die er seit der OP hatte, wurde nicht behandelt. Er begann zu fiebern. Deshalb rief ich in Curahuasi an und fragte Martina John, ob wir ihn zur Nachversorgung nach Diospi Suyana bringen durften. Sie stimmte zu. Und dann holte uns Cesar, mein Taxifahrerfreund der ersten Stunde, ab und wir brachten Alex vorsichtig nach Curahuasi. Dort wurde er aufgenommen, die Wunde wurde richtig gesäubert und versorgt, und eine Physiotherapeutin begann schon mit den ersten Therapien. Nach zwei Tagen saß der kleine Racker schon wieder auf dem Dreirad und begann, die Flure unsicher zu machen.

Zur Sicherheit schickten die Ärzte von Diospi Suyana das Unfall-CT noch zu einem Spezialisten nach Deutschland. Dieser rief dann an und klang sehr besorgt: „Meine Herren, das ist ja ein riesiger Defekt. Wie geht es denn dem Kind und lebt es überhaupt noch? Ist es ansprechbar oder ist es im Koma?“ Zu dieser Zeit fuhr Alex gerade mit seinem Dreirad fast eine Krankenschwester um – es war ein Wunder!

Nach einer Weile konnte Alex wieder nach Hause. Er musste jetzt regelmäßig seine Medikamente einnehmen. Das war eine Herausforderung. Wir mussten Eltern, die noch nie nach einer Uhr gelebt haben, erklären, dass ihr Junge um 8 Uhr morgens diese Tablette, um 14 Uhr dann diese und um 18 Uhr dann jene braucht, ist eigentlich unmöglich. Sie konnten das nicht, und zwar nicht, weil sie dumm waren, sondern weil sie nicht die Uhr lesen konnten. Sie stehen auf, wenn es hell wird, und gehen ins Bett, wenn die Sonne untergeht. Sie leben nicht mit der Uhrzeit. Also das, was bei uns in Deutschland immer so hochgehalten wird – die Genauigkeit, die Pünktlichkeit –, kann man hier im Hochland vergessen. Anstatt mit der Uhrzeit leben die Menschen hier mit den Jahreszeiten. Sie leben mit den Wetterphasen, aber nicht mit der Uhr. Aber Alex musste ab jetzt regelmäßig seine Tabletten nehmen. Seine Eltern waren damit schlicht überfordert. Deshalb musste er zwischendurch zweimal ins Krankenhaus, weil er gekrampft hatte. Eine Lösung musste her. Er musste drei Krampfmedikamente zu unterschiedlichen Zeiten bekommen. Also haben wir drei Uhren gekauft – so große Uhren, dass man sie nicht übersehen konnte. Dann haben wir ein Bild von der Tablette gemacht und haben es jeweils oben drübergeklebt, sodass sie wussten, welche Tablette zu welcher Uhrzeit genommen werden musste. Mit einem dicken, roten Marker haben wir es jeweils an der Uhr gekennzeichnet. Jede Tablette hatte ihre eigene Uhr. Eine der Uhren war eine große Erdbeere, die andere war ein großer Pfirsich und die dritte war ein hässliches, riesiges Teil mit einem goldenen Rahmen. Das waren die drei einzigen Wanduhren, die wir auf die Schnelle gefunden hatten. Es war klasse zu sehen, wie sie bereit waren, den Umgang mit den Uhren zu lernen, um ihrem Sohn zu helfen. In der Zeit bin ich wirklich mit dieser Familie zusammengewachsen. Am Anfang war ich zweimal die Woche dort oben. Zweimal die Woche viereinhalb Stunden hochfahren, den Verband wechseln und dann wieder viereinhalb Stunden runter. Es war gut, dass wir zu der Zeit noch nicht so viele Kinder im Projekt hatten, sonst hätte ich das nicht geschafft.

Dann ging es eine lange Zeit gut in der Familie. Es war schön zu sehen, wie sich der Zustand der Kinder verbesserte und die Gesundheit der Mutter stabiler wurde. Doch in der Pandemiezeit, um Ostern 2020, kam von Don Alberto – dem Vater – wieder ein Anruf. Ein Blitz sei in Irma, eine der Töchter, eingeschlagen. Ihre ältere Schwester und sie waren gerade auf dem Feld und haben die Schafe geweidet, als sie wohl gemerkt haben, dass ein Gewitter aufzog. Wenn in den Bergen ein Gewitter aufzieht, dann kommt es sehr schnell näher. So war es auch bei den beiden. Sie haben noch versucht, ihre zwei Schafe hoch, nach Hause zu treiben. Doch es war zu spät. Als der Blitz Irma traf, war sie sofort tot. Und weil Yoli sie an der Hand hielt, hat sich der Blitz auch in sie entladen. Sie ist dadurch in Ohnmacht gefallen.

Nach einer Weile ist Yoli dann wieder aufgewacht und hatte ihre tote, vom Blitz zerrissene Schwester an der Hand. Sie war so geschockt, dass sie Irma den Berg raufziehen wollte. Gott sei Dank war sie knallbunt angezogen – typisch für Quechuas –, sodass der Nachbar von Weitem sehen konnte, dass sich unten am Berg irgendetwas bewegte, was eigentlich jetzt, bei diesem Wetter, nicht dahingehörte. Er ist hinuntergelaufen und hat das tragische Bild gesehen. Er hat Yoli schnell hochgebracht und Irma erst einmal liegengelassen. Dann ist er mit Don Alberto, dem Papa, wieder runtergelaufen in der Hoffnung, dass sie noch etwas tun konnten. Aber Irma war nicht mehr zu helfen.

Etwa zwei Stunden nach diesem Ereignis haben bei Yoli starke Sehstörungen und Kopfschmerzen begonnen. Außerdem lagerte sich Wasser in ihren Gliedern ein. Das war der Moment, in dem mich Don Alberto anrief. Ich sagte ihm, dass er sofort ins Krankenhaus gehen sollte. Doch zu der Zeit war das problematisch. Es war der erste, allumfassende Lockdown der Pandemiezeit hier in Peru. Alle Dörfer waren abgesperrt und man durfte wirklich nur aus dem Haus, um einzukaufen, zur Apotheke oder ins Krankenhaus zu gehen. Selbst wenn man ein anderes Grundstück hatte, durfte man nicht dorthin. Überall auf der Straße patrouillierten Soldaten. Wenn sie fragten, wo man hinwollte, und man antwortete: „zum Einkaufen", dann kontrollierten sie auf dem Rückweg die Taschen, um zu sehen, ob man wirklich etwas eingekauft hatte. Falls nicht, wurde man auf eine Wache eskortiert, wo man eine fette Strafe zahlen musste. Von Chaccrampa nach Andahuaylas waren es immer noch vier Stunden Fahrt. Wir haben gebetet, dass sie nicht kontrolliert werden. Und dann kamen sie wirklich bei uns an. In der Zwischenzeit hatte ich versucht, die Presse zu informieren, dass sie den Fall an die Öffentlichkeit bringen. Das ist hier wichtig. Und dann habe ich über einen bekannten Polizisten Kontakt zum Polizeipräsidenten von Andahuaylas aufgenommen. Ich habe ihm alles geschildert. Über die Medien hatte er schon von dem Fall gehört. Ich bat ihn um Hilfe: „Ich weiß, dass wir momentan keine Fahrten machen dürfen. Aber ein Kind ist schon gestorben und die Schwester ist hier bei mir. Ihr Zustand ist kritisch und sie braucht die beste medizinische Betreuung. Wir wissen nicht genau, was mit ihr ist. Wir müssen ein EKG machen, wir brauchen ein EEG – eine komplette Diagnostik – und das geht hier nicht. Bitte, bitte, bitte, bekommen wir die Lizenz für unseren Pick-up, um sie bis nach Curahuasi – ins Krankenhaus Diospi Suyana – zu bringen?" Er hat kurz überlegt und sagte dann: „War meine Frau nicht eigentlich mal bei euch zu einem Gespräch?"

„Ja, sie hat uns ein paar Mal besucht", antwortete ich.

„Ah, ja. Jetzt erinnere ich mich. Jetzt weiß ich, wer ihr seid. Ihr bekommt die Lizenz, aber nur für 12 Stunden. Mehr kann ich nicht machen. Außerdem gilt das nur für den Bereich Andahuaylas. Abancay und Curahuasi haben jeweils eine andere Zuständigkeit. Ihr könnt zwar die Lizenz vorlegen und hoffen, dass sie diese akzeptieren, garantieren kann ich es aber nicht."

Die Lizenz hatten wir also, aber die Aussicht auf Erfolg war wage. Allein die Fahrt nach Curahuasi dauerte schon fünf Stunden. 12 Stunden Erlaubnis reichten einfach nicht. Aber wir hatten keine andere Wahl. Also haben wir die Familie in den Pickup gesetzt und unsere ganzen Ausweise eingepackt. Wir hatten sogar ein offizielles Schreiben dabei, das erklärte, was casayohana macht. Dann sind wir los. Ich war angespannt, auch wenn so ein offizielles Schreiben vom Polizeichef hier unten in der Stadt viel wert ist. Ganz oben, in den kleinen Bergdörfern, wo sie in der Pandemie aus Angst alle Straßen dicht gemacht hatten und jeden kontrollierten, galt ein solches Schreiben recht wenig. Zum Teil hatten sie mit Baumstämmen die Straßen blockiert und große Steine auf die Straße gelegt, damit ja keiner in das Dorf hineinkam oder aus dem Dorf wegfahren konnte. Wir haben gebetet. Immer wieder. Und tatsächlich kamen wir die halbe Strecke durch. Als wir dann Abancay – die Bezirkshauptstadt – erreicht hatten, erhöhten wir die Gebetsfrequenz. Wir wussten von befreundeten Taxifahrern, dass hier an jeder Straßenecke kontrolliert wurde. Und hier galt unsere Lizenz ja eigentlich nicht mehr. Wir sind also in das Tal hinuntergefahren und über die Brücke. Der Hauptteil der Stadt lag am Hang auf der anderen Seite. Wir mussten eine ganze Weile lang durch die Stadt den Berg wieder hochfahren. An fast jeder dritten Kreuzung stand Polizei oder Militär. Im ganzen Stadtgebiet hielt uns keine einzige Patrouille auf. Es war wirklich, als wären wir unsichtbar. Aber wir mussten noch an der Polizeistation vorbei.

Bis heute kann ich nicht glauben, was dann passierte: Es fehlten noch ungefähr 600 Meter bis zur Polizeistation. Von Weitem konnten wir erkennen, dass quer über die Straße fünf rote Kegel aufgestellt waren, um die Straße zu versperren. Wir kamen immer näher und ich wurde immer angespannter. Und plötzlich sah ich – noch aus der Ferne –, wie ein Polizist aus der Station herauskam – jetzt sind wir dran, dachte ich und Angst durchfuhr mich. Aber er sah geradeaus, sammelte die drei mittleren Kegel auf und verschwand wieder im Gebäude. Ich hatte Gänsehaut. Und ich habe sie immer wieder, wenn ich diese Geschichte erzähle. Wir sind langsam an der Polizeistation vorbeigefahren. Ich sagte zu unserem Fahrer: „Bloß nicht stehen bleiben, bloß nicht stehen bleiben. Nicht zu langsam, aber auch nicht rasen." Wir rasten nicht, aber mein Herz raste an dieser Polizeistation vorbei. Wieder hatte ich den deutlichen Eindruck, Gott beugt sich aus dem Himmel durch die Wolken zu uns herunter und sagt: „Naaaaa? Sorge ich für euch?" Tatsächlich kamen wir durch Abancay, ohne ein einziges Mal kontrolliert zu werden. Und dann war es auch nicht mehr lange bis nach Curahuasi. Dort wurden wir am Ortseingang kontrolliert. Aber in der Stadt kennen alle das Krankenhaus und so wurden wir einfach durchgelassen.

Im Krankenhaus wurde Yoli dann komplett durchgecheckt mit dem erleichternden Ergebnis, dass sie den Unfall überleben wird. Wir haben sie zur Überprüfung erst einmal dort gelassen.

Eine Kontrolle auf der Hinfahrt wäre nicht das krasse Problem gewesen, wir hatten ja die sichtlich erschütterte Yoli im Auto. Sie war überall verbunden und richtig fixiert. Aber für die Rückfahrt sah es anders aus. Deswegen sind wir in Curahuasi auf die Polizeistation gegangen, um alles ganz offiziell zu machen. Wir haben alles erklärt. Aber diese Polizeistation war klein. Der Polizist konnte uns nicht viel Hoffnung machen: „Ich habe nicht viel zu sagen. Ich kann euch so ein Schreiben ausstellen, aber ob das in Abancay oder Andahuaylas angenommen wird, weiß ich nicht. Ich glaube, es bringt nichts." Wir haben ihn dann überredet, uns das Schreiben doch auszustellen. Er hatte uns ein Zeitfenster für die Rückfahrt gegeben. Es war zwischenzeitlich früher Nachmittag geworden und wir sollten dann laut Schreiben um 20:00 Uhr am Abend zu Hause sein. Also sind wir direkt losgefahren. In ganz Abancay wurden wir wieder nicht kontrolliert. Dann waren wir unten am Fluss, sind wieder über die Brücke und auf der anderen Seite die Straße nach Andahuaylas hoch. Und dort war dann eine große Straßensperre. Viele Polizisten, kein Durchkommen, denn alle wurden kontrolliert. Ich dachte: Okay, wir sind geliefert. Wir fuhren dann an die Kontrolle, unser Fahrer machte das Fenster runter und der Polizist sagte: „Guten Tag, was wollt ihr hier? Wohin soll es gehen?" Ich zeigte ihm das erste Schreiben vom Polizeichef in Andahuaylas, dann das zweite Schreiben aus Curahuasi. Ich zeigte ihm Bilder von Yoli. Und er sagte nur: „Ihr wisst schon, dass Ausgangssperre ist?" Ich erwiderte: „Ja klar, das wissen wir. Aber wir können doch nicht das Kind sterben lassen." Dann trat er einen Schritt zurück, schaute sich das Logo auf dem Pick-up an und fragte: „casayohana, was macht ihr? Seid ihr so etwas Ähnliches wie Diospi Suyana?" Dann habe ich ihm erzählt, was wir machen und dass wir kein Krankenhaus, sondern ein Rehabilitationszentrum sind. Aber vom Prinzip her funktionieren wir ähnlich. „Aha, okay", sagte er und überlegte einen Moment. Dann rief er einen seiner Jungs her. Er zeigte auf ihn und sagte: „Das ist einer meiner jüngsten Polizisten. Er ist krank, den nehmt ihr mit." Und dann habe ich, vielleicht etwas zu frech für diese Situation, erwidert: „Aber innerhalb des Pick-ups können wir ihn nicht mitnehmen. Das ist gegen die Covid-Bestimmungen." „Dann legt ihn hinten drauf", sagte er nur. „Ich rufe alle Straßensperren, die zwischen hier und Andahuaylas sind, an und sage ihnen, dass sie euch nicht aufhalten sollen." Wir sind an allen Sperren vorbeigefahren und kamen um drei Minuten vor 20:00 Uhr zu Hause an. Noch jetzt wirkt dieser Tag völlig irreal auf mich. Irgendwie kann ich nur danken.

Yoli ist bis heute in psychologischer Behandlung. Immer noch gibt sie sich die Schuld für den Tod ihrer Schwester: Sie hätten früher losgehen müssen, sie hätten schneller laufen müssen. Sie gibt sich die Schuld dafür, dass sie in Ohnmacht gefallen ist.

Kapitel 9

casayohana wird casayohana

„Bine, du brauchst Hilfe!"

Nach einiger Zeit war „die Gringa, die Frauen und Kindern hilft", in aller Munde. Die Arbeit formte sich immer mehr. Mit *Paz y Esperanza* bin ich in die Dörfer gekommen. Sie hatten ihre Arbeit, ich hatte meine. Die Kinder mit Behinderung habe ich betreut. Ich habe meine Sachen verteilt – Windeln, Medikamente oder Essen, je nachdem, was die Familien brauchten – und die Eltern beraten. So lief das, bis ich ungefähr 28 Familien in den Dörfern betreute.

Und irgendwann sagte Lupe, die Leiterin von *Paz y Esperanza*, die mich die ganzen Monate beobachtet hatte, zu mir: „Bine, du brauchst Hilfe." Das war bis zu diesem Zeitpunkt irgendwie noch nicht auf meinem Schirm. Ich war am Machen. Aber sie hatte recht und ich sah plötzlich, was mir alles fehlte: Ich konnte gut einen Fahrer gebrauchen, ich konnte ein Auto gebrauchen und ich konnte einen Dolmetscher gebrauchen. Letzteres war in dieser Zeit wohl am dringendsten. Mein Spanisch war nicht das Beste, aber Menschen, die Spanisch sprachen, konnten mich verstehen. Nur, viele da oben sprachen bloß Quechua. Die Verständigung lief mit Händen und Füßen. Wenn ich bei den Familien war, habe ich vieles aufgemalt. Wenn ich Herzmedikamente weitergegeben habe, malte ich ein Herz, die Tablette und die Tageszeiten. Die Worte für Frühstück, Mittagessen und Abendessen habe ich mir auf Quechua gemerkt.

Das war abenteuerlich. Es hat viel Geduld gekostet. Und dann brauchte ich zum Beispiel, wenn ich ihnen Geld daließ, eine Rechnung für meine Buchhaltung. Das waren ja Spenden, die aus Deutschland kamen. Und alles musste offiziell festgehalten werden. Erkläre das mal mit Händen und Füßen. Ein anderes Mal gab ich einer Frau 200 Soles, um nach Curahuasi zu fahren, dort eine Diagnostik zu machen und wieder zurückzukommen. Das Geld hätte locker gereicht. Aber dann wurde ich aus Curahuasi angerufen – das Geld war ihr ausgegangen. Sie hatte kein Sammeltaxi, sondern ein einzelnes genommen und hatte in Curahuasi im feinsten Hotel übernachtet. Nach dieser Situation war mir klar, dass ich einen Übersetzer brauchte. Übergangsweise liehen mir dann *Paz y Esperanza* ihre Sekretärin für solche Aufgaben aus. Aber es war klar: Ich brauchte Leute. Denn es kamen immer mehr Kinder mit Behinderung ins Projekt.

Das Haus und die ersten Mitarbeiter

Jetzt war es an der Zeit, zu wachsen. Das Projekt nahm plötzlich Fahrt auf. Lange war ich alleine unterwegs gewesen. Jetzt änderte sich alles. Ich brauchte zum Beispiel eine neue Wohnung, denn ich wollte die Familien, die Frauen und Kinder, zur Beratung zu mir einladen. Es wurden ja immer mehr Familien und ich konnte nicht ständig überall sein. Meine bisherige Wohnung war zu klein und dunkel dafür. Als die Oma eines Kindes aus dem Projekt zur Behandlung mit dem Kind bei mir war, bemerkte sie, wie dunkel und kalt es war. Sie sagte: „Hör mal, eine Freundin von mir ist gerade aus Spanien da und sie sucht einen neuen Mieter für ihr Haus. Schau es dir mal an!“ Ich schaute mir das Haus an. Die oberen Etagen waren sehr hell, mit Gästezimmer, Küche und auch nach hinten raus mit Ruhe. Und die untere Etage war für die Arbeit ideal. Es gab ein großes Lager, noch mal ein Schlafzimmer, wo dann bald die ersten Kurzzeitler übernachten konnten. Dann gab es ein großes Wohnzimmer, das sich als Behandlungsraum, Schulungsraum, Aufenthaltsraum, Besprechungsraum und Feierraum eignete. Und dann gab es noch ein Büro. Das Haus war genial und ich bekam es tatsächlich.

Bis dahin war das Projekt organisch gewachsen. Es war cool, zu sehen, wie eins zum anderen kam. Und wie gesagt, ich hatte nie daran gedacht, dass ich mal Mitarbeiter brauchen würde. Ganz ehrlich, hätte Gott von Anfang an gesagt: „Hier, Bine, hast du 25 Angestellte und du baust mal Häuser." Ich hätte ihm den Vogel gezeigt. „Such dir jemand anderes. Das bin ich nicht!", hätte ich ihm geantwortet. Lupe war die Erste, die mir mit casayohana half. Sie war bei *Paz y Esperanza* in den Ruhestand gegangen und unterstützte mich. Sie arbeitete nicht lange für mich, aber in dieser Anfangszeit war sie Gold wert. Sie hatte Erfahrung in der Leitung einer NGO, sie kannte sich mit Spenden aus dem Ausland aus, sie konnte mit den Behörden umgehen und wusste einfach, wie man eine solche Organisation führt. Sie war so ein Mensch, den mir Gott genau zum richtigen Zeitpunkt an die Seite gestellt hatte.

Das Team wächst

Kurz bevor ich in das neue Haus einzog, kam Hermana Isabella dazu. Sie war aus einer Kirchengemeinde, die ich mal besucht hatte, und hatte gehört, was ich so machte. Da sie schon in Pension war und gerne helfen wollte, stellte sie sich bei mir vor. Hermana Isabella kam dann zum Übersetzen, wann immer ich sie brauchte. Und das war auch sehr gut. Hermana Isabella war eine unglaubliche Hilfe, aber sie arbeitete nur ehrenamtlich und noch dazu war sie eine ältere Frau. Wenn jemand spontan vor meiner Tür stand und schnell Hilfe brauchte, konnte ich nicht so lange warten, bis sie kam. Das konnte ich auch von ihr nicht erwarten. Ich brauchte also Angestellte. Ich brauchte ein Team.

Mein erster Mitarbeiter war ein Mann, Rudi. Ich nannte ihn schmunzelnd Morbus Rudi. Den Spezial-Namen hat er bekommen, weil er bei allen immer irgendetwas Negatives vermutet hat. Wenn unsere Familien wieder weg waren, kam er zu mir und sagte: „Ich habe sie beobachtet, ich vermute, dass …“, und dann kam immer irgendetwas Negatives, irgendetwas Schlimmes, was er vermutete. Aber er war ein toller Mann, hat immer und überall angepackt. Er hat geholfen, das Haus zu streichen. Er hat den Garten mit angelegt, er hat Möbel geschleppt, umgestellt, umgebaut, reingetragen und hochgetragen. Das war eine gute Zeit. Kurz nachdem ich Hermano Rudi angestellt hatte, kam auch schon Megumy dazu.

In meiner Kirchengemeinde gab es zwei Frauen, die immer mal zu Kaffee und Kuchen bei mir vorbeischauten – Martha und Megumy. Sie waren Mutter und Tochter. Megumy, die Tochter, kannte ich auch von *Paz y Esperanza*. Eigentlich war sie studierte Zahnärztin. In diesem Beruf wollte sie aber eigentlich nicht arbeiten. Das Studium hatte sie nur ihrem Vater zuliebe gemacht. Aber im praktischen Jahr hatte sie gemerkt, dass sie das nicht machen wollte. Also betete sie. Sie wollte gerne etwas Soziales machen. Eines Tages, als ich gerade in das neue Haus gezogen war, waren Mutter und Tochter wieder zum Kaffee da. Ich zeigte ihnen die Räume. Es war noch nichts wirklich eingerichtet. Aber das Lager war schon gefüllt mit Lebensmitteln und Kleidung für das Projekt. Ich führte sie trotzdem durch das Haus und erzählte, was ich so mache. Sie waren erstaunt: „Was, du machst das alles alleine? Jede Woche packst du 28 Lebensmitteltüten. Wie kaufst du denn das alles ein?" Beide waren erstaunt. Später an diesem Tag fragte ich Megumy, was sie gerade vorhatte. Als sie mir antwortete: „Nichts", fragte ich sie, ob sie es sich vorstellen konnte, ab und an zu kommen und ein bisschen zu helfen. Sie war begeistert. Erst kam sie stundenweise und half in der Buchhaltung. Nach ein paar Wochen stellte ich sie dann halbtags ein, und weil die Arbeit immer mehr wurde und Megumy eine wunderbare Art hatte, mit Menschen umzugehen, habe ich ihr kurze Zeit darauf eine volle Stelle angeboten.

Wir waren ein kleines Team. Chavi putzte, machte Teile des Haushaltes und übersetzte zusammen mit Hermana Isabella, Megumy half mir bei allem anderen. Wir gingen einkaufen, packten zusammen Kleider- und Lebensmitteltüten, erstellten die Wochenpläne für die Besuche und erarbeiteten erste rudimentäre Familienakten. Hermano Rudi kümmerte sich um die Hausmeisteraufgaben. Als Megumy dazukam, stieg auch die Anzahl der Kinder, die wir betreuen konnten. Von 28 betreuten Familien ging es sehr schnell auf 50. Der Bedarf war vorher auch schon da gewesen. Nur hätte ich das nicht alleine stemmen können. Jetzt ging es.

Einige Zeit nach Megumy kam noch Yoselin dazu. Ich war auf der Suche nach einer Person gewesen, die Geld verwalten konnte. Und von Yoselin wusste ich, dass sie BWL studiert hatte, in Cusco in einer Bank gearbeitet hatte und in der Leitung einer Kirchengemeinde tätig war. Ich habe sie gefragt und sie hat zugesagt. Megumy, Yoselin und ich wurden zu einem festen Team. Wir funktionierten gut. Vielleicht auch deshalb, weil wir uns jeden Morgen erst mal zum Beten getroffen haben.

Seitdem wir in dem neuen Haus waren, ich die ersten Mitarbeiterinnen anstellen konnte und die Anzahl der betreuten Kinder stieg, wurde der Alltag zu einer ziemlichen Herausforderung. Ich hatte irgendwie rund um die Uhr Bereitschaftsdienst. Der Tag begann manchmal schon um vier Uhr in der Frühe. Die Bevölkerung hier, vor allem die, die in den Dörfern leben, richten ihren Alltag nach dem Tageslicht. Viele haben keine Uhren oder legen keinen Wert darauf. Das hieß aber auch, dass bei mir manchmal schon um 4 Uhr morgens das Telefon klingelte. In dieser ersten Zeit dachte ich immer, wer so früh morgens anrief, tat das aus einer Notfallsituation heraus. Ich habe mich nicht getraut, es einfach klingeln zu lassen. Erst mit der Zeit habe ich das begriffen. Heute habe ich mein Telefon so eingestellt, dass es vor acht Uhr nur klingelt, wenn jemand zwei Mal anruft.

Die Arbeit entwickelt sich – der Raum wird zu klein

Es kamen immer mehr Kinder dazu, die wir betreuten. Wir mussten umdenken. Durch das gewachsene Team konnten wir mehr leisten als nur die Grundversorgung. Uns fiel auf, dass unsere Arbeit nachhaltiger wurde, wenn wir nicht nur mit den Kindern arbeiteten, sondern auch die Mütter betreuten. So haben wir angefangen, ihnen Seelsorgegespräche anzubieten, in denen wir die Vergangenheit aufarbeiten konnten. Dieser Schritt war wichtig, denn auch die Mütter brauchten die Erfahrung des Gesehen-Werdens. Wir boten für sie auch Schulungen im Umgang mit Geld an und brachten ihnen bei, wie man ein eigenes Kleinstgeschäft eröffnet.

Doch diese Entwicklung hatte auch zur Folge, dass der Raum, in den wir vor Kurzem erst eingezogen waren, schnell zu eng wurde. Im unteren Stockwerk gab es einen Raum, der für alles herhalten musste. Es gab Tage, da haben wir dort ständig umgeräumt. Es konnte sein, dass ich früh morgens drei Frauen hintereinander zu Gesprächen dahatte, dann kam im Anschluss ein Kind mit einer Spastik zur Behandlung. Der Kaffeetisch wurde in kürzester Zeit zum Behandlungstisch, indem wir eine dementsprechende Matte darauf legten. Dann kam das nächste Kind, das an die Sprossenwand musste – das hieß dann, dass wir die Sprossenwand freiräumen mussten. Dann kam ein anderes Kind, das nur auf dem Boden behandelt werden konnte. Das hieß: wieder alles umbauen. Dann wurde wieder alles umgestellt, weil es auch der Raum war, in dem das Team sich zum Mittagessen traf. Und am Nachmittag ging es so weiter. Ich muss sagen, so verrückt diese Zeit war, war sie auch sehr schön, weil wir als Team dadurch eng zusammengewachsen sind.

Trotzdem haben wir gemerkt, dass wir auf Dauer etwas Größeres brauchten. Das Wartezimmer war mein Garten und das Büro war gleichzeitig das medizinische Lager. Viel mehr wachsen konnten wir in diesem Haus nicht. Dabei gingen uns noch so viele Ideen und Pläne durch den Kopf.

Ein nächster Schritt sollte die Professionalisierung mancher Bereiche sein. Ich konnte mit meinen Kenntnissen und Fähigkeiten eine Grundversorgung leisten, aber mehr auch nicht. Den Unterschied sah ich immer dann, wenn uns zum Beispiel eine Physiotherapeutin besuchte. Ganz am Anfang kam meine Freundin Alex, die mit mir in Curahuasi angefangen hatte. Später dann eine Kurzzeitlerin aus Deutschland. Sie hatten einfach einen anderen Blick und konnten in kürzester Zeit etwas ganz anderes aus den Kindern herausholen – ihnen effektiver helfen. Das war der nächste logische Schritt und deswegen haben wir angefangen, für Fachpersonal zu beten: Physiotherapeuten, Logopäden, Ergotherapeuten, Heilpädagogen, Psychologen …, die Liste war fast endlos.

Hin und wieder war ich frustriert, dass sich das mit dem Fachpersonal so hinzog. Wir beteten und beteten, doch niemand kam. Ich habe oft zu Gott gesagt: „Vater, wenn du nicht bald hörst und was tust, dann schaffe ich das nicht mehr. Du traust mir viel mehr zu als ich mir selbst." In diesen Frustphasen musste ich dann immer an die Mutter von José denken, die sechs Jahre lang gebetet hatte und bei der die Not wirklich existenziell war – bei ihr ging es um das Überleben. Und dann dachte ich: „Bine, komm mal runter. Im Vergleich zu Nunilda hast du Luxusprobleme."

Es sollte noch einige Jahre dauern, bis wir die ersten Fachleute fest anstellen konnten. Bis dahin sollte sich noch vieles entwickeln, was ich vorher noch gar nicht überblicken konnte.

Wir brauchen ein Auto und einen Fahrer

Dann gab es noch das Problem mit dem fahrbaren Untersatz. Wir mussten jeden Monat mindestens 50 Lebensmitteltüten packen – eine bis zwei für jede Familie, die wir betreuten. Das hieß: Diese Lebensmittel mussten vorher eingekauft werden und dann musste das ja auch alles hoch in die Dörfer gebracht werden. Sowohl für das Einkaufen als auch für den Transport in die Dörfer benutzte ich immer wechselnde Taxifahrer. Das war zermürbend, denn sobald ein Taxifahrer öfter von uns gebucht wurde, ging er mit dem Preis hoch. Außerdem: Nicht alle fuhren sicher. Hermano Rudi wäre ein Kandidat dafür gewesen. Er wollte aber einfach keinen Führerschein machen. Weil wir aber dringend jemanden brauchten, der fahren konnte, mussten wir uns auf lange Sicht nach jemand anderem umsehen. Das fiel mir wirklich schwer.

Am Anfang hätte ich auch noch die Zeit gehabt, einen peruanischen Führerschein zu machen. Aber ich habe mich einfach nicht getraut. Allein der Verkehr in der Stadt war schon chaotisch genug. Aber das hätte ich noch geschafft. Das Problem waren eher die langen, zum großen Teil unbefestigten Schotterpisten, die an Abhängen vorbei in die Dörfer führten. Nach Chaccrampa sind es drei bis vier Stunden. Das hätte ich fahren müssen, dann hätte ich die Kinder für einige Stunden behandelt und dann wäre ich noch mal drei bis vier Stunden heruntergefahren. Das wäre auf Dauer nicht gut gegangen. Wir brauchten also einen Fahrer. Da wir erst einmal keinen fanden, kutschierten uns weiterhin die Taxifahrer in die Dörfer und zurück.

Es ist nicht das Beste, hier in dieser Region allein mit fremden Taxifahrern unterwegs zu sein. Besonders nicht, wenn die Fahrt stundenlang dauert. Wir hatten immer wechselnde Fahrer, aber das war nicht die sicherste Variante. Deswegen suchten wir ja einen Fahrer. Und was auch klar war: Wenn wir einen eigenen Fahrer hätten, bräuchten wir auch ein eigenes Auto. Ich dachte immer, wenn wir mit unserem eigenen Auto fahren, wäre alles super sicher. Deshalb haben wir Sturm-gebetet und einen Spendenaufruf gemacht. Am Ende hat Gott genügend Herzen bewegt und wir konnten für das Projekt einen roten Pick-up kaufen. Halleluja! Dieses Problem war gelöst. Gleich die erste Fahrt sollte uns aber eines Besseren belehren. Da wir noch keinen Fahrer hatten, saß Lupe am Steuer, um uns nach Chaccrampa zu bringen, in das Dorf, in dem die „Heilige Familie“ wohnte. Wir fuhren gerade eine Straße zu einer Brücke hinunter. An dieser Stelle war es nicht sonderlich breit. Auf der einen Seite war eine steile Wand nach oben und auf der anderen Seite eine tiefe Schlucht. Eigentlich war unsere Straßenseite die rechte – die Seite an der Wand, die nach oben ging. Aber uns kam ein langer Transport-LKW entgegen, der ein großes Kettenbaufahrzeug auf der Ladefläche hatte. Per Handzeichen bat er uns, auf die linke Seite zu fahren, damit er um die Kurve fahren konnte. Wir fuhren nach links und blieben dann direkt am Abhang stehen. Mit seinem Fahrerhäuschen kam er ohne Probleme an uns vorbei. Doch die Breite seiner Ladefläche hatte er unterschätzt. Er fuhr langsam um die Kurve weiter und bemerkte nicht, dass seine Ladefläche unseren Pick-up berührte und begann, uns immer weiter in Richtung Abgrund zu schieben. Im Auto saßen Fiorella und Anabell, meine beiden Patenkinder, Lupe und ich. Alle vier fingen wir an zu schreien. Gott sei Dank hat er uns schreien gehört und hat angehalten. Mit einem Reifen hingen wir schon etwas in der Luft. Wir waren fix und fertig. Der LKW-Fahrer beschwerte sich bei uns nach dem Motto: Frauen am Steuer und so weiter. Dann fing er an, Lupe zu bedrohen. Aber er war ein Peruaner, ca. 1,60 m groß. Ich stieg aus und stand vor ihm. Er war klein und schmächtig. Ich mit meinen 1,70 m auf jeden Fall größer und auf alle Fälle nicht schmächtig. Ich hab nicht sehr christlich gehandelt, mich vor ihm aufgebaut und gefragt: „Was willst du? Seit wann hast du deinen Führerschein? Zeig ihn mir mal. Ich habe meinen Führerschein seit über 30 Jahren – und du?“ Es stellte sich heraus, dass er überhaupt keinen Führerschein besaß. Dafür aber eine Alkoholfahne hatte. Er stieg in seinen Truck, korrigierte seine Fahrtrichtung und fuhr davon.

Am Auto hatten wir einen Kratzer und ein bisschen Blech war verbogen. Aber wir wollten nicht stundenlang warten, um das dann alles mit der Versicherung zu klären. Wir nahmen den Schaden auf die eigene Kappe und dankten Gott, dass wir noch lebten. Uff! Also auch, wenn wir mit dem eigenen Auto unterwegs waren, auf Gottes Bewahrung waren wir weiter angewiesen.

Das Projekt bekommt seinen Namen

Das Team war gewachsen – auch wenn wir noch immer keinen Fahrer hatten. Die Arbeit war größer geworden und der Raum wurde langsam knapp. Es zeichnete sich ab, dass wir als Projekt immer weiter wachsen würden. Es gab genug Kinder, die versorgt werden mussten. Wir hatten einen Punkt erreicht, an dem wir merkten, dass es nicht einfach nur darum ging, ein paar Leute einzustellen. Das ganze Vorhaben musste offiziell werden. Es musste rechtlich alles sauber laufen, sodass wir weiter wachsen konnten. Es musste ein Verein her, sodass alle Gelder offiziell abgerechnet werden konnten.

Auf deutscher Seite war das bereits passiert. Die Spenden für das Projekt wurden von der Marburger Mission geregelt, sodass alle Spender auch ihre Spendenquittung erhalten konnten. Und für meinen persönlichen Unterhalt war wie bereits zuvor in Curahuasi die VDM zuständig. Aber hier in Peru galt ich offiziell nur als Freiwillige. Ich war als „volontaria religiosa", also als christliche Ehrenamtliche, hier im Land gemeldet. Die Spenden aus Deutschland wurden zwar auf ein Extra-Konto überwiesen, das lief aber auf meinen Namen. Es war alles legal, ich hatte zwei getrennte Konten und bis zu einem gewissen Punkt geht das auch noch. Auf dem einen Konto gingen die Spenden ein, die das Projekt finanzieren sollten, und auf dem anderen ging die Unterstützung für mich persönlich ein – mein Unterhalt. Aber dann wuchs und wuchs die Arbeit und das Projekt wurde immer bekannter und irgendwann fragt sich der peruanische Staat, was du mit dem ganzen Geld machst. Für die peruanischen Behörden waren es faktisch zwei private Konten, weil auf beiden mein Name stand. Es gab kein Vereinskonto – es gab die juristische Person ‚casayohana' noch nicht. Ich wollte nicht, dass ein falsches Bild entstand und die Menschen fragten: „Woher kommt das ganze Geld, wenn du eigentlich als ehrenamtliche Sozialarbeiterin hier bist?“ Das Projekt musste also offiziell werden. Deswegen gründeten wir in Andahuaylas zusammen mit zwei anderen Missionarsehepaaren einen Verein und kümmerten uns um die Anerkennung der Gemeinnützigkeit. Diesen beiden Paaren bin ich bis heute sehr dankbar für ihre Unterstützung, zu einer Zeit, in der ich selbst noch so wenig Ahnung von peruanischem Recht hatte. Gemeinsam haben wir uns durch Gesetzestexte durchgebissen und saßen gefühlt ewig beim Anwalt, beim Notar oder auf Ämtern.

Der Verein hatte zuerst einen anderen Namen. Der Name casayohana als Name der Arbeit stand aber schon länger fest. Ich hatte in den vergangenen Jahren bei meiner Arbeit immer wieder an den Traum gedacht, von dem mir Pastor Jacinto erzählt hatte, als seine Tochter Yohana gestorben war: „Yohana läuft über die Wiese, sie singt und springt und tanzt. Und nichts mehr tut ihr weh.“ Das war ein Ort des Friedens, ein Ort bei Gott, wo Yohana jetzt war. Und ein solcher Ort sollte casayohana sein. Ein Ort, an dem sich Kinder und Frauen sicher fühlen. Ein Ort, an dem sie im übertragenen oder wörtlichen Sinn singen, springen und tanzen können. Ein Ort, wo sie sich geliebt fühlen. Der Ort war dieses Haus und stellvertretend für alle anderen Kinder wurde es das Haus der Yohana – casayohana.

Kapitel 10

Seyda lernt Tanzen

In der Anfangszeit unseres Projektes passierten immer wieder seltsame Dinge, die uns und unsere Arbeit geprägt haben. Zum Beispiel die Geschichte von Seyda. Wir waren noch nicht lange im neuen Haus und Megumy hatte gerade angefangen, bei uns zu arbeiten, als eine aufgebrachte Frau vor unserer Tür stand. In beiden Händen Tüten voller Gemüse.

Es war die Mama von Seyda. Sie kam aus einem Dorf beim Flughafen. Eines Tages war sie an der Grippe erkrankt. In so einem kleinen Dorf in den Bergen geht man zum Curandero – zum Heiler –, wenn man krank ist. Der hilft dann mit Kräutermedizin, Kamillentee – eigentlich wirklich guten und gesunden Sachen. Aber der Curandero ist auch so etwas wie ein Geistheiler und Medizinmann. Wenn er seinem Apu, also seinem Gott oder Geist, Dinge opfert, wie Geld, Schnaps oder Cocablätter, dann erfährt man – laut dem Glauben der Curanderos –, an was man erkrankt ist und was man nehmen muss oder was man lassen muss. Die Mama von Seyda hatte ihre Tochter mitgenommen zum Curandero. Das Mädchen war zu der Zeit 12 Jahre alt und wurde wie ein Kleinkind in einem Tuch auf dem Rücken getragen, wie es dort üblich ist. Seyda konnte wunderbar lächeln. Zu mehr war sie nicht fähig. Und dann sagte der Heiler zur Mutter: „Deine Grippe, das kriegen wir in Griff. Aber deiner Tochter kann ich nicht helfen. Aber es gibt eine Gringa in Talavera, die kann dir helfen – zu der gehst du."

Seydas Mutter hatte bis dahin schon viel Leid erlebt. Ihr

Mann war mal bei ihr, dann wieder bei einer anderen Frau, dann kam er wieder zurück. Gewalt und Alkohol waren Alltag. Sie wurde immer wieder aus dem Haus geworfen, in dem sie die Verwandtschaft hat wohnen lassen. Und alles nur, weil sie ihre Tochter Seyda nicht weggeben wollte. Trotzdem zögerte sie, uns aufzusuchen. Sie hatte Angst, dass wir auf sie herabsehen würden oder dass wir ihr raten würden, sie solle Seyda weggeben.

Ein paar Wochen später, an einem Samstag, ist sie dann mit dem Bus von ihrem Dorf nach Andahuaylas gefahren, um auf dem Wochenmarkt ein paar Erzeugnisse, die sie von ihrem Acker hatte, zu verkaufen. Einige Stationen bevor sie aussteigen musste, ging jemand an ihr vorbei, klopfte ihr auf die Schulter, lächelte Seyda an und sagte: „Du hast aber eine tolle Tochter. Wenn du Hilfe für sie möchtest, musst du hingehen und sie dir auch holen.“ Die Person stieg ohne einen weiteren Kommentar aus dem Bus. Sie hatte diesen Menschen noch nie gesehen. In dem Moment erinnerte sie sich wieder an das, was der Heiler ihr wenige Tage zuvor gesagt hatte. Sie erzählte mir später: „Plötzlich ist es wie ein Blitz in mich hineingefahren. Ich war voller Hoffnung und musste herausfinden, was da dran war. Hatte der Heiler recht?“ An diesem Samstag ging sie nicht zum Markt, sondern stand mit ihren Tüten voller Gemüse plötzlich vor meiner Tür. Sie hatte sich bis zu mir durchgefragt. „Doctorcita, ich habe gehört, bei dir gibt es Hilfe“, sagte sie nur. Ich habe sie hereingebeten.

Dann erzählte sie mir ihre Geschichte. Von ihrem Mann, der gewalttätig war und immer wieder kam und ging, wie er wollte. Von ihrem großen Sohn, der auch immer wieder Ärger machte, dass sie keine Hilfe und kein richtiges Einkommen hatte und dass die Familie sie immer wieder unter Druck setzte, sie sollte Seyda doch endlich loswerden. Sie erzählte weiter, dass Seyda immer schwerer wurde, nichts konnte und immer herumgetragen werden musste. Sie liebte sie von ganzem Herzen, aber sie brauchte unbedingt Hilfe mit diesem Kind. Ein bisschen untypisch für Peru, fragte ich sie direkt: „Was wäre denn dein Wunsch für Seyda? Wo würdest du sie gerne sehen? Was soll sie können?“ Und dann sagte sie, ohne groß zu überlegen: „Wir wohnen am Berg, wir müssen einen ganz schrägen Weg runtergehen. Ich schleppe sie immer auf dem Rücken. Es ist ein Lehmweg und in der Regenzeit ist es dort sehr rutschig. Ein paarmal bin ich mit ihr fast schon abgestürzt. Mein Wunsch wäre, dass Seyda irgendwann mal diesen Weg selbst laufen könnte.“

Als ich sie an diesem Samstag kennenlernte, konnte Seyda ihren Kopf heben, wunderbar lächeln und manchmal ihre Hand zitternd zum Gesicht führen. Sonst konnte sie nichts. Sie konnte weder selbst sitzen noch etwas festhalten. Sie konnte nicht laufen. Es deutete auch bei ihr alles auf eine Infantile Cerebralparese hin. Ich schaute das Kind an und dachte: „Na, das wird eine Herausforderung.“ Und dann sagte ich zu der Mutter: „Wie weit wir mit Seyda kommen, weiß ich nicht. Aber wir schicken euch nach Curahuasi, da gibt es ein Krankenhaus, wo sie untersucht wird, und dann haben wir eine konkrete Diagnose und wissen, was sie braucht: Medikamente oder eine Therapie. Das werden sie uns alles sagen können. Und dann leite ich dich hier an mit den Therapien. Du machst zu Hause mit ihr weiter, gibst ihr Medikamente und gemeinsam beten wir und dann schauen wir, wie weit wir kommen.“ Als ich das sagte, strahlte die Mama plötzlich über das ganze Gesicht: „Doctorcita, bei uns gibt es immer ein Karneval im Dorf und da führen die Kinder schöne Tänze auf. Es wäre wunderbar, wenn Seyda dann auch tanzen könnte.“ Das kam mit so viel Freude und Hoffnung aus ihr heraus, dass ich ihr diese Perspektive nicht zerstören wollte. Wir hatten gerade Anfang des Jahres. Ich fragte sie: „Mamita – Mamilein, wann hat Seyda denn Geburtstag.“

„Im Oktober", war ihre Antwort. Dann sagte ich: „Okay, wir machen einen Deal. Wir machen Therapie, sie bekommt die Tabletten, wir beten. Ich habe auch im Oktober Geburtstag und dann schauen wir, ob wir nicht gemeinsam eine Feier machen, wo ich mit Seyda tanzen kann. Und übrigens – du kennst mich nicht so gut, aber dass ich mal tanze, ist mindestens so ein großes Wunder, wie dass Seyda es tut."

Gesagt, getan, wir haben Seyda nach Curahuasi geschickt. Dort wurde bei ihr auch noch eine Epilepsie diagnostiziert. Die Therapien wurden besprochen. Wir haben dann Woche für Woche die Übungen weitergemacht. Und nach ganz kurzer Zeit konnte Seyda sich aufsetzen. Bald darauf konnte sie gestützt die ersten Schritte gehen. Und dann gab es tatsächlich im Oktober eine Geburtstagsfeier. Seyda bekam die erste Torte ihres Lebens, sie stand auf meinen Füßen und wir haben getanzt. Es war eine richtige Party mit allen, die da waren. Seyda war das glücklichste Kind unter der Sonne. Sie strahlte über das ganze Gesicht. Wir alle waren fix und fertig, aber sie wollte gar nicht mehr aufhören zu tanzen.

Das war für mich ein richtiges Wunder. Schon alleine wie ihre Mutter zu mir gekommen ist, übersteigt meine Vorstellung. Ein Heiler, der uns weder kannte noch etwas mit dem christlichen Glauben zu tun haben will, schickte sie zu uns. Mich hat es sehr gewundert, welche Wege Gott nutzt. Mehr noch freut mich, was jetzt aus diesem Mädchen geworden ist. Fantastisch. Inzwischen kann sie mit Stützen sogar allein laufen.

Die Geschichte von Seyda ist ein Beispiel dafür, dass unsere Arbeit sich nicht nur auf die Kinder selbst auswirkt, sondern in die ganze Familie hineinstrahlt. Irgendwann erkannte der Vater von Seyda, dass seine Tochter etwas konnte. „Aus der wird ja was, sie reagiert", stellte er erstaunt fest. Er ist Moto-Taxi-Fahrer – das sind Motorräder mit Kabinen hintendran, die zu Hunderten Menschen durch die Straßen Andahuaylas kutschieren. Als Seyda dann in die Schule für behinderte Kinder aufgenommen wurde, begann er, sie mit seinem Gefährt zur Schule zu bringen. Jahrelang wollte er nichts mit ihr zu tun haben und plötzlich war er stolz auf sie. Und das, obwohl sie immer noch ein Mensch mit Behinderung war. Auch bei ihm hatte Gott einen Schalter umgelegt. Inzwischen ist er in die Familie zurückgekehrt. Das Alkoholproblem ist zwar noch nicht verschwunden, aber er lässt mit sich arbeiten. Wir machen Schulungen mit den Eltern zum Thema Wert: Welchen Wert habe ich, welchen Wert hat meine Ehe? Die Eltern von Seyda machen eine Paartherapie bei unserem Psychologen und sie machen Fortschritte. Auch Seydas Bruder ist in unserem Nachhilfeprogramm und hat Gespräche mit der Kinderpsychologin. Er wird aufgeschlossener und seine Aggressivität weicht. Das sind für mich Highlights, an denen ich merke, dass die Arbeit hier so wertvoll ist. Kinder kommen körperlich weiter, Frauen bekommen ein neues Selbstbewusstsein und in der Ehe bewegt sich etwas. Da blüht Heilung auf und das begeistert mich.

Kapitel 11

casayohana wächst weiter – nicht nur in Peru

Ein neues Grundstück

Das neue Haus mitten in Talavera war ein Segen. Wir hatten endlich mehr Platz. Das Team konnte wachsen. Wir hatten einen Raum, um mit den Kindern zu arbeiten, um Mütter zu begleiten und um zu tanzen, zu singen und zu springen, wie es Yohana im Traum ihres Vaters tat. Wir konnten sogar eine Frau aufnehmen, die vor häuslicher Gewalt geflohen war. Dieses Haus war für casayohana der Katalysator. Hier haben wir den Bedarf für weitere Arbeitsfelder erkannt und hier konnten wir als Team zusammenwachsen. Aber das Haus wurde, wie gesagt, schnell zu klein. Wir hatten regelmäßig 30 bis 50 Leute pro Tag da. Die haben sich die Klinke in die Hand gegeben. Und man hatte kaum mehr genug Zeit für jeden Einzelnen. Es wurde immer enger.

Den Verein hatten wir gegründet, um eine offizielle Organisation zu sein. Das Ganze hatte aber auch den Vorteil, dass wir jetzt offiziell auf unseren Namen Land kaufen konnten, um in Peru zu bauen. 2015 haben wir begonnen, nach einem Grundstück zu suchen.

Ein Jahr dauerte diese Suche. Zusammen mit Lupe bin ich durch die Straßen von Talavera gegangen. Ruben, einer der beiden Missionare, auch. Wir haben immer wieder gebetet und wir haben geschaut, wo etwas Geeignetes sein könnte. Wir haben auch mal einfach so bei Leuten geklingelt, stundenlang Eigentümer ausfindig gemacht … Es gab einige Voraussetzungen, die uns wichtig waren: Das Grundstück sollte in der Stadt liegen, nicht weit vom Zentrum entfernt. Es sollte gut erreichbar sein, gleichzeitig aber auch sicher. Wir wollten ja Frauen aufnehmen, die von zu Hause fliehen mussten. Nicht selten kam es vor, dass Männer ihre Frauen wieder zurückholen wollten. Im Schutz der Stadt mit ihren vielen Menschen wäre das für sie nicht wirklich möglich. Das war einer der Gründe, warum wir kein Grundstück am Rande der Stadt wollten, das im Dunklen lag. Andererseits sollte es weit genug vom Zentrum entfernt sein, sodass Feiernde nicht vor unserer Tür randalierten. Diese Erfahrung hatte ich ja bereits in Curahuasi gemacht. Außerdem musste es bereits Anschlüsse für Wasser, Abwasser und Strom haben.

Von dem Gelände, das es am Ende werden sollte, hatte zuerst Ruben erzählt. Lupe und ich sind dort vorbeigelaufen und wir haben den Eigentümer ausfindig gemacht, der ganz in der Nähe wohnte. Er ließ uns das Grundstück besichtigen und bestätigte, dass Wasser und Strom vorhanden wären. Wir waren froh, auch wenn wir später erfuhren, dass das nicht die ganze Wahrheit war. Sagen wir es so: Wir mussten uns noch mal darum kümmern. Aber die Verfügbarkeit des Grundstückes stimmte uns glücklich.

Um das Grundstück kaufen zu können, brauchten wir Geld. Wir haben uns mit meinen Geschwistern und meinen unterstützenden Gemeinden den Kopf darüber zerbrochen, wie wir so eine große Summe zusammenbekommen sollten. Am Ende stand die Idee, eine Kampagne zu starten, bei der sich jeder einen Quadratmeter Land in Peru kaufen konnte. Natürlich nur symbolisch. Die Spender bekamen selbstgemachte Besitzurkunden. Natürlich nur als Marketing-Gag gedacht. Aber Gott bewegte

Herzen damit. Ich habe es dann bei meinen Vorträgen während des Heimatdienstes in Deutschland folgendermaßen erklärt: „Ihr könnt einen Quadratmeter kaufen, dann seit ihr Landbesitzer in Peru, wenn ihr allerdings zwei kauft, könnt ihr uns besuchen und darauf schlafen. Auf einem Quadratmeter schläft man nämlich ganz schlecht." Und Gott hat es wirklich gemacht: Wir konnten schließlich ein 2.100 m^2 großes Gelände kaufen. Der Quadratmeterpreis lag bei 85 Euro. Das gesamte Gelände kostete also etwa 180.000 Euro, ohne Steuern und Gebühren. Geld, das wir nie zuvor gehabt hatten. Das war für mich ein riesiges Wunder. Ich war so dankbar. Nach dem Kauf stand ich mit Lupe und Hermana Isabella auf dem Stück Land, das uns Gott gegeben hatte. Zwischen uns liefen die Meerschweinchen hin und her und wir standen mitten im Maisfeld. Wir haben gemeinsam gebetet und gesungen und ich dachte: „Von hier aus werden die Menschen erfahren, dass Gott sie liebt." Ich kam mir vor wie Israel im Gelobten Land, um es mal ganz kitschig auszudrücken.

Es war aber auch ein ambivalentes Gefühl: Auf der einen Seite habe ich gemerkt: Gott segnet das Projekt und schenkt Leute, die mitmachen, er schenkt Spender. Und es kamen auch schon die ersten Kurzzeitler zum Helfen. Aber auf der anderen Seite: Ganz ehrlich, bis heute habe ich diese Momente, dass ich irgendwo in dem Haus stehe und denke: „Du bist ein total größenwahnsinniges Kinderkrankenschwesterleinchen. Das ist alles viel mehr, als du kannst." Diese zwei Gedanken – „Gott ist dabei" und „du bist größenwahnsinnig" – gehen oft Hand in Hand.

Die Ersten, die mit dem Gedanken spielten, einen Verein zu gründen, waren Freunde aus einer meiner beiden Ursprungsgemeinden. Während eines Heimataufenthalts 2016 saßen wir gemütlich bei Pizza und Club-Mate zusammen und ich durfte ausführlich über casayohana und mein Leben in Peru erzählen. Immer wieder kamen Einwände wie: „Du bräuchtest diesen Flyer“ Oder: „Du bräuchtest einen Videoclip“, „casayohana müsste mehr auf den Konferenzen und Messen vertreten sein“. Und dann kam plötzlich von irgendwoher eine Stimme: „Und wenn wir einen Unterstützerverein gründen würden?“ In der Elia-Gemeinde gab es mehrere, die schon Erfahrung bei der Unterstützung von Missionsprojekten hatten und Lust hatten, das auch in „meinem Fall“ zu durchdenken. Am Anfang hatte ich ziemlich Respekt davor. Würde es wirklich Menschen geben, die sich langfristig und ehrenamtlich verpflichten würden, sich für uns in Peru einzusetzen? Ich schob den Gedanken erst einmal weg.

Einige Zeit später saß ich mit meinen Geschwistern und „Geschwägern“ zusammen und auch da kam das Gespräch auf die stark wachsende Arbeit von casayohana und was man alles an Unterstützung aus Deutschland gebrauchen könnte. Wer sich wohl dafür begeistern lassen würde oder es schon wäre, welche Rechtsform dafür gut wäre, und so weiter. Da wurde es plötzlich schon konkreter. In einem Nebensatz, erst mal eher als Spaß gedacht, warf mein Bruder Matthias in den Raum, dass wir drei Geschwister ja eine Stiftung gründen könnten. Bei einer Treuhandstiftung wäre das Stiftungsvermögen, das wir brauchen würden, eher gering.

Der Gedanke war in der Welt. Er reifte, wurde immer wieder aufgegriffen, die Konsequenzen durchgespielt. Zu meiner großen Überraschung waren auch in meiner zweiten Gemeinde, in Creußen, gleich Menschen von dieser Idee begeistert und es kamen aus verschiedensten Ecken noch weitere dazu.

Für uns in Peru wäre das natürlich eine sehr große Entlastung und Hilfe, eine Stiftung hinter uns zu wissen, deren einziger Zweck es wäre, casayohana Peru zu unterstützen. Viele Gespräche mit der VDM, MM, Rechtsanwälten und Einzelpersonen folgten. Viele Aspekte mussten durchdacht werden.

Im Oktober 2018 gründete sich schließlich die Stiftung casayohana in Deutschland. Es gab ein wunderschönes Fest in der Kirchengemeinde meines Schwagers in Weißenburg und zeitgleich ein Freudenfest bei uns in Peru.

Seitdem bin ich immer wieder beeindruckt von den vielen Dingen, die die Stiftung mit ihren über 30 ehrenamtlichen Mitarbeitern für uns leistet. Ob es die Werbung für Missionare und Kurzzeitler ist, die Erstellung und Pflege der verschiedenen Social-Media-Kanäle, die Spenderbetreuung, die Spendenwerbung und -verwaltung, der Newsletter, die Messepräsenz, die Päckchen, ganz zu schweigen von aller Motivation, allem Mittragen, allem konstruktiven und manchmal auch kritischen Mitdenken und vor allem dem Mitbeten.

Die casayohana-Familie wächst auch in Deutschland

Gott wusste ganz genau, dass, wenn unsre Äste in Peru immer breiter werden, dass dann auch Stamm und Wurzeln fester sein müssen. So gab es jetzt die Stiftung casayohana in Deutschland und eine wachsende Unterstützung.

Immer mehr Gemeinden waren bereit, Partnergemeinden von casayohana zu werden. Normalerweise besuchte ich die Gemeinden, wenn ich in Deutschland war, schickte immer wieder Infos, wenn es etwas Besonderes gab. Aber ich merkte, um bei dem Baum-Beispiel zu bleiben, je ausladender unsre Äste wurden, desto mehr konnte der (Gegen-)Wind an uns zerren. Wir brauchten tiefere, stärkere Wurzeln. Menschen, die uns im Gebet begleiteten und unsre Entscheidungen mit vor Gott brachten. Wenn du ins Zweifeln kommst, ist es so gut zu wissen, dass es da Leute gibt, die casayohana und dich im Gebet mit durchtragen. Bis jetzt haben wir zehn Partnergemeinden. Feste Partnergemeinden, die uns nicht nur geistlich den Rücken stärken, sondern uns auch mit Floh- und Weihnachtsmärkten, Socken-Strick-Aktionen, Kurzeinsätzen, Infoabenden, Gebetskreisen, Spielsachen-Päckchen, Benefizkonzerten und vielem mehr unglaublich unterstützen. Ein riesiges Geschenk!

Geduld kann man lernen – der Kampf mit den Behörden

Bis der Bau losgehen konnte, mussten noch diverse Genehmigungen eingeholt werden. Und das war hier in Peru nicht einfach. Für alles Mögliche gab es Formulare, doch letztendlich machte jede Behörde dann doch, was sie wollte. Man hörte dann Sachen wie: „Wir haben ein Problem: Die Unterschrift auf dem Bauantrag ist nicht ganz so wie die auf Ihrem Ausweis. Woher soll ich wissen, dass Sie das wirklich sind? Stellen Sie bitte noch mal einen Antrag." „Bitte was?", fragte ich. Ein solcher Antrag dauerte in der Bearbeitung 14 Tage. So etwas ist ständig passiert.

Einmal mussten wir einen Antrag für einen Strommasten stellen. Wir haben den Antrag für Starkstrom gestellt, also einen dreiphasigen Anschluss, und dafür haben wir vier Monate gekämpft. Dann haben sie uns aber einen monophasigen Anschluss genehmigt. Den hatten wir nie beantragt. Also noch mal das ganze Spiel. Und dann, nach 14 Tagen kam die Antwort: Der Antrag war falsch. Wir hätten keinen Antrag auf einen dreiphasigen Strommast stellen sollen, sondern einen Antrag für die Umwidmung eines monophasigen auf einen dreiphasigen Mast. Und jedes Mal – bei jedem Antrag – muss man alles wieder neu hinzufügen. Jede teuer beglaubigte Kopie. Alle Eintragungen bei den Ämtern muss man im Original beantragen und notariell beglaubigen lassen. Diese Beglaubigung gilt aber nur für vier Wochen. Das heißt, man weiß, dass man diesen ganzen Schmu noch mal machen muss, falls der Antrag wieder abgelehnt wird. Und ganz nebenbei: Es gibt nur wenige Notare in Andahuaylas. Dort stellt man sich um 6 Uhr morgens in die Schlange und ist dann so gegen 14 Uhr dran. Nicht anders sieht es beim Finanzamt, der Stadtverwaltung, dem Stadtbüro, bei der Bank, beim Strom- und Wasserwerk aus. Wir mussten extra eine Frau einstellen, die nichts anderes gemacht hat, als für mich in der Schlange zu stehen. Jeden Tag stand sie von 6 Uhr in der Früh in einer Schlange, bis nur noch 3 oder 4 vor ihr waren. Dann hat sie mich angerufen, ich bin dann schnell hingefahren worden, um mir dann Sätze anzuhören wie: „Die Farbe des Stempels und die Farbe der Unterschrift dürfen nicht gleich sein. So können wir nicht wissen, ob das ein Original oder nur eine Kopie ist. Bitte stellen Sie den Antrag noch mal neu." In so einer Situation wirst du so richtig aggressiv. Das ist der Moment, wo du sagst: „Tischkante, wo bist du, ich will reinbeißen."

Ich muss da immer an Asterix und Obelix denken und an das „Haus, das verrückt macht". Da ging es auch um den Behördenwahnsinn. Bei uns war das Alltag. Wir haben nicht einen einzigen Antrag gestellt, der beim ersten Mal genehmigt worden wäre. Nicht ein einziges Mal! Es hat immer mindestens drei Ablehnungen gegeben, manchmal sogar acht! Monate gingen dadurch verloren.

An diesen Sachen habe ich auch gemerkt, dass mich Gott verändert hat. Früher bin ich bei solchen Situationen an die Decke gegangen. Ich war nicht geduldig und dann auch nicht mehr freundlich. Heute kann ich ruhig bleiben bei solchen Ablehnungen und sogar noch: „Vielen Dank für Ihre Hilfe. Ich komme dann wieder. Einen schönen Tag noch", sagen.

Die Sache mit den Grundstücksgrenzen

Nachdem wir das Land gekauft hatten, sind wir direkt hingefahren. Das Grundstück war völlig zugewachsen und ich konnte es kaum glauben, dass uns Gott wirklich diese 2100 m^2 gegeben hatte, um hier casayohana zu bauen. Wie abenteuerlich dieses große Vorhaben sein sollte, konnten wir damals noch nicht ahnen. Und das war vielleicht gut so.

Gleich am Anfang kam schon die erste böse Überraschung. Wir waren auf das Grundstück gegangen, um es abzumessen. Doch die Maße stimmten nicht. Wir hatten ca. 18 m^2 weniger als im Vertrag vereinbart und schnell war klar, woran es lag. Der eine Nachbar hat einen halben Meter auf unser Grundstück eingebaut, der andere auf der anderen Seite hatte die Grundstückslinie um ganze zwei Meter überschritten. Auch der Nachbar, dessen Grundstück hinter unserem lag, wollte auf unserem Land bauen. Ihn konnten wir noch davon überzeugen, seine Scheune zu versetzen. Die anderen hatten die Mauern schon länger gebaut. Aber wenn wir damals einen Rechtsstreit angefangen hätten, wären wir heute noch nicht im neuen Haus. Deswegen war klar: Das Erste, was gebaut werden muss, ist eine Mauer, die das Grundstück einmal umschließt. Das sollte verhindern, dass noch jemand anders auf die Idee kam, auf unserem Land zu bauen. Die Mauer sollte aber auch Sicherheit bieten während der eigentlichen Bauphase. Werkzeuge und Materialien mussten ja gelagert werden.

2017 – ungefähr ein Jahr nachdem wir das Grundstück gekauft hatten, konnten die ersten Bauarbeiten beginnen. Zunächst wurde die Mauer um das Grundstück herumgebaut. Und da ging es gleich weiter mit den Problemen. Obwohl unser Grundstück für Talavera relativ flach war, hatte es dennoch ein Gefälle. Es waren insgesamt sieben Meter Höhenunterschied. Wir mussten starke Stützmauern bauen, damit bei heftigem Regen, wie er in der Regenzeit üblich ist, die Erde vom Nachbargrundstück nicht auf unser Grundstück laufen konnte. Eine „Muro den Contención" – eine Stahlbeton-Stützmauer. Ich habe viele Bau-Ausdrücke auf Spanisch kennengelernt, die ich vorher auf Deutsch nie kannte und auch nie kennen wollte. Bauen war bis dahin eigentlich nicht mein Ding. Und dann musste ich schon so früh in der Bauphase Entscheidungen treffen, die ich nie treffen wollte: Nehmen wir dieses Material oder etwas anderes, nehmen wir den Ziegelstein oder nehmen wir doch den anderen Stein? Woher sollte ich das denn wissen? Entscheiden musste ich trotzdem. Auch da hat uns Gott genial unterstützt. Ich habe mich immer wieder an das Bild erinnert, wo Gott sich aus den Wolken beugt und sich kümmert. Und wie er sich gekümmert hat. Oft ohne, dass wir wussten, in welcher Bauphase wir wen brauchen würden, meldeten sich Besucher an, die zu genialen Helfern wurden. Danke, Sophie, Anne, Philipp, Siggi, Birgit, Siegmar, Rainer, Jonas, Martina, Matze, Kerstin, Nepomuk, Maxi, Andrea, Ulrich, Johannes, Stefan, Julia Jakob, Niels, Claudia, Richard, Micha, Dietmar, Isolde, Jens … nur um mal einige zu nennen.

Unser langersehnter Fahrer ist gefunden

Als wir die Mauer um das Grundstück gebaut hatten, war Hermano Miller bei der Hilfstruppe dabei, ein älterer Mann aus der Gemeinde. Heute noch versorgt er unsere Tiere am Wochenende, wenn keiner da ist. Als die Mauer fertiggestellt war, kam er zu mir und sagte Folgendes: „Hermana Bine, ich habe ein großes Problem. Ich habe einen Bruder – ein anständiger Mann. Aber der arbeitet auf Montage im Dschungel. Und seine Frau und ich haben Angst um ihn. Da gibt es so viele Drogenhändler, da gibt es so viel Kriminalität. Wir wollen nicht, dass er dort unter die Räder kommt. Du hast jetzt hier das Gelände. Brauchst du nicht jemanden, der dir hier hilft? Er kann Auto fahren, er ist schon Lastwagen gefahren, hat schon als Gärtner gearbeitet und auf dem Feld gearbeitet. Er hat schon in einer Schreinerei gearbeitet und und und." In meinem Kopf ratterte ich eine Checkliste herunter: Einen Fahrer brauchten wir, check. Einen Gärtner auch, check. Jemanden, der Möbel richten konnte, check. Er war genau die Person, die wir brauchten, jemand, der alles konnte und der sich dazu auch immer neue Sachen aneignen konnte. „Bring deinen Bruder mal her", sagte ich zu ihm. Seit 2017 ist Noe nun bei uns und er ist einer der besten Fahrer und eine wirklich loyale Seele. Er bringt uns sicher an jeden Ort und hat sonst vieles in der casayohana im Blick.

Kapitel 12

Familie Marcas und ihre behinderten Kinder

Familie Marcas ist eine Familie, die von uns betreut wird, auch wenn ihr behinderter Sohn Arón selbst nicht mehr da ist. Die Familie bestand insgesamt aus 3 Jungen und 4 Mädchen.

Als wir in die Familie kamen, war der Älteste schon 16 Jahre alt. Er war taubstumm auf die Welt gekommen und geistig etwas zurückgeblieben. Trotzdem arbeitete er in einem Handwerksbetrieb. Wegen ihm waren wir nicht in die Familie gekommen. Arón, der Nächstgeborene, war der Grund, weswegen wir sie kennengelernt haben. Bei *Paz y Esperanza* hat ein Mann gearbeitet, dessen Tochter auf die Schule ging, die auch besagter Junge besuchte. Dieser Kollege erzählte mir von dem Kind, dessen Knie an den Schultern waren, der sich aber selber fortbewegen konnte, seine Füße waren direkt unter dem Popo. So ist er – böse gesagt – durch die Flure gewatschelt. Er hatte eine sonderbare Gesichtsform und auch eine seltsame Stimme.

Zusammen mit dem Kollegen besuchte ich die Schule. Der Direktor empfing uns und freute sich, dass ich Arón kennenlernen wollte: „Das wäre so eine große Hilfe, wenn ihr Arón behandeln könntet. Wir können das hier nicht mehr stemmen. Intellektuell ist er sehr weit, doch körperlich baut er immer mehr ab." Und dann kam Arón ins Zimmer. Er war nur etwa 50 cm groß. Sein Kopf war zu lang und seine Stirn stand hervor. Sein Thorax – also sein Brustkorb – war nach vorne und innen gewölbt, da er mit seinen Armen seine Beine immer an seinen

Körper zog. Er war 12 Jahre alt, als ich ihn kennenlernte, und er war ein netter Kerl. Ich habe mich mit ihm unterhalten und war erstaunt, dass er ziemlich genau wusste, was mit ihm los war. Er hat mir gesagt: „Wir können gerne Physiotherapie machen, aber sterbe ich nicht sowieso?“ Als ich das hörte, war ich sprachlos. Normalerweise machen die Eltern hier den Kindern etwas vor. Sie tun so, als sei nichts, sie schaffen eine Scheinwelt, um die Kinder nicht mit ihrer Realität zu konfrontieren. Nicht jedoch Arón. Zwar sprachen seine Eltern mit ihm auch nicht Tacheles, aber er war intelligent genug und wusste es von sich selbst aus. Er wusste ganz genau, was mit ihm los war. „Für meine Mama ist es richtig schlimm und für meinen Papa auch.“

Das nächste Mal, als ich in die Schule kam, um Arón zu behandeln, war auch sein Vater dabei. Er erzählt mir, dass er in seinen jungen Jahren – als Kind – in einer Mine gearbeitet hatte, dort Giften ausgesetzt war und vermutlich deswegen zwei Kinder mit Behinderung hatte. Diese Information konnte ich noch nicht richtig einordnen. Es ist schwer, Behinderungen auf bestimmte Ursachen zurückzuführen. Der Kerl brauchte auf jeden Fall mehr Luft in seinem Thorax und dann haben wir angefangen, ihn durchzubewegen und aufzurichten. Wir haben versucht, ihn hinzusetzen. Aber auch ohne Diagnose konnten wir schon sehen, dass bei seinem Thorax und seinen Schultern vieles nicht so war, wie es sein sollte.

Um genau zu wissen, was die Ursache war, schickten wir ihn nach Curahuasi. Dort fiel in Röntgenbildern auf, dass in seinem ganzen Brustkorb, dort, wo eigentlich vorne ein Knorpel-Bereich ist, alles ineinander verknöchert und verwachsen war. Alles war total verschoben und nach innen gewölbt. Seine Schultergelenke waren nicht richtig ausgebildet, auch in den Hüften hatte er eine Fehlbildung. Man kann sagen, dass sein ganzer Knochenapparat nicht so war, wie er sein sollte. Es war zu spät, um ihm noch zu helfen. Alles war mittlerweile verknöchert, starr und fest. Wir wollten ihm, trotz der Schwierigkeiten, das Leben leichter machen. Vor allen Dingen war unser Ziel, dass er besser Luft bekam. Aróns Zustand verbesserte sich zunächst durch die Übungen.

Sonst war die Zeit mit Arón toll. Was mich wirklich beeindruckt hat, war, dass der Junge sehr wissbegierig war. Während wir Therapie machten, wollte er alles Mögliche von mir wissen: „Bine, wie ist das in Deutschland? Und wie das und das? Gell, Bine, Europa liegt in Deutschland. Und wenn mich nicht alles täuscht, die USA liegt auch in Deutschland?“ Ich musste lachen. „Ja, fast, lass uns noch mal kurz darüber nachdenken.“ Arón wollte ganz viel verstehen und ganz viel wissen. Er hat dann Fragen zu den Tieren und Pflanzen gestellt. „Bine, kennst du überhaupt Äpfel?“ „Ja, natürlich kenne ich Äpfel. Die Äpfel kamen von Europa nach Peru“, antwortete ich. „Aber von euch kamen der Mais, die Kartoffeln und die Tomaten zu uns.“ Ich habe ihm dann spanische Wissensbücher für Kinder mitgebracht – so etwas wie bei uns die „Was ist Was“-Bücher.

Neben den ganzen wissenschaftlichen Themen stellte er auch oft theologische Fragen. Er war ja im katholischen Glauben aufgewachsen. Ein Satz, den er oft sagte, war: „Du, das mit Gott verstehe ich nicht. Der interessiert sich scheinbar nicht für mich.“ Das sind Fragen, die wehtun. Ich habe gemerkt, dass ich über das Thema ausführlicher mit ihm sprechen musste. Ich habe ihm eine Kinder- und Jugendbibel mitgebracht, in der auch Comics waren. Wir haben zusammen das Johannesevangelium gelesen, wo es an ganz vielen Stellen um die Liebe geht. „Und so sehr hat Gott die Welt geliebt, dass er seinen einzigen Sohn gab, …“ oder: „Liebe deinen Nächsten wie dich selbst.“ Und dann hat er selbst weitergelesen und irgendwann fragte er mich: „Also, ich verstehe jetzt ja schon, dass Gott mich liebt.

Aber wenn Gott mich liebt, warum bin ich denn dann so, wie ich bin? Und warum darf ich nicht gesund sein?" Ich antwortete ihm: „Ganz ehrlich, Arón, ich weiß es nicht. Das sind Fragen, die ich mir aufschreibe und die ich später mal Gott selbst fragen will. Dass es dir so geht, wie es dir geht, ist etwas, was mich auch sauer macht auf Gott. Ich verstehe es auch nicht. Aber was ich wirklich weiß, auch wenn es sich nicht so anfühlt: Gott liebt dich." Beim nächsten Treffen erzählte mir sein Vater, dass Arón an diesem Tag, als er heimgekommen ist, einen Zettel in Herzform über sein Bett gehängt hat, auf dem stand: Gott liebt mich!

Er hat dann immer mehr in der Bibel gelesen und immer mehr Fragen gestellt und gleichzeitig konnte er körperlich immer weniger. Sein Zustand verschlechterte sich stetig. Er bekam immer weniger Luft und seine Kräfte ließen nach. Irgendwann ging er nicht mehr in die Schule. Wir haben ihn dann zu Hause besucht und ich habe ihm Kassetten und ganz viele Bücher mitgebracht. Zwischendurch kamen immer wieder die Fragen. „Bine, ich habe das und das in der Bibel gelesen. Ich verstehe es nicht. Erkläre es mir." Und oft kam es vor, dass ich keine Antwort hatte. „Ganz ehrlich, ich verstehe es auch nicht." Aber am Ende unserer Gespräche stand immer: Gott liebt mich. Nach einem solchen Gespräch sagte Arón: „Okay, Gott liebt mich also, dann hätte ich ihn jetzt auch gerne als Vater, wie geht das?" Ich habe mich so gefreut und wir beteten gemeinsam. Am Ende des Gebetes strahlte mich ein frischgebackenes Gotteskind an und sagte: „Chevere – cool!"

Eines Abends rief uns sein Vater an und sagte: „Bine, Arón reagiert überhaupt nicht mehr. Er ist stundenweise richtig weg." Ich war ganz erschrocken, denn ich war erst vor zwei Tagen bei der Familie gewesen. Dann bin ich ins Krankenhaus gefahren und habe dort eine Sauerstoffflasche besorgt. Zu Hause habe ich ihn dann angeschlossen. Damit ging es ihm erst einmal kurz besser. Aber ich habe schon gemerkt, dass es nicht mehr lange gehen würde. Ich wollte ihn ins Krankenhaus bringen, aber der Vater und auch Arón selber wollten das nicht. Er bat mich immer wieder: „Lass mich daheim, lass mich daheim, lass mich daheim." Aber ich hatte Angst vor der Verantwortung. Wenn ich jetzt hier dabeisitze, während er stirbt, kommt sein Papa vielleicht in einem halben Jahr auf die Idee zu sagen: „Die Bine von casayohana war da und hat nicht vorgeschlagen, dass wir meinen Jungen ins Krankenhaus bringen sollen." Ich hatte Angst und habe schweren Herzens noch einmal gesagt: „Bitte, lasst ihn uns ins Krankenhaus bringen." Schließlich kam er ins Krankenhaus, aber dort hat er nur noch eineinhalb Stunden gelebt und ist dann gestorben.

Am nächsten Tag hat mich sein Vater angerufen und gesagt: „Bine, jetzt kommt der Bestatter, der ihn für die Aufbahrung aufbereitet. Ich soll da helfen. Bine, ich kann das nicht. Ich kann doch mein Kind nicht so schänden lassen und kann da zuschauen." In Peru ist es so, dass die Toten noch einmal sichtbar aufgebahrt werden. Bei der Familie von Arón fand das im eigenen Hof statt. Der Bestatter kam und präparierte den Leichnam mit Formaldehyd. Mit großen 50 ml Spritzen wurde der Formaldehyd überall in den Körper gespritzt. Dabei half ein Anwesender, indem er den Toten immer wieder wendete. Das sollte ich jetzt machen. Ich habe dann Hermana Isabella angerufen und sie gefragt, ob sie mit mir kommen würde. Ich war mir unsicher. Ich sagte ihr: „Ich hab so etwas noch nie gemacht. Und die Familie wird auch im Hof stehen. Ich brauche deine Hilfe." Sie kam mit und sie war genau die Richtige, um die Familie zu trösten.

Diese Erfahrung werde ich nie vergessen. Der Bestatter hatte das bestimmt schon Tausende Male gemacht und er ging recht grob mit dem Leichnam um. Sicher, der Junge war tot, aber die ganze Familie schaute bei der Prozedur zu. Ich habe ihm gesagt, dass ich ihn so lagern würde, wie es nötig war, damit er das Formaldehyd spritzen konnte. Und dann konnte ich Arón wirklich in den Arm nehmen, als wäre er noch am Leben. Das war zwar innerlich schon etwas schwierig, aber für die Familie und deren Würde echt wichtig. Immer wieder begegneten sich die Blicke von Hermana Isabella und mir, und ich merkte, wie sie für mich betete. Nach der Prozedur sind wir noch eine Weile bei der Familie geblieben und haben geredet. Dann kam Arón in den Kindersarg. Er hatte oben ein Glasfenster. Wir haben ihn schön angezogen und versucht, ihn halbwegs „schön" in den Sarg zu legen. Als wir es geschafft hatten, sagte sein Papa: „Binecita, meinst du, es wäre in Ordnung, wenn wir ihm die Bibel mit in den Sarg legen? Das war sein allerliebstes Buch." „Ich glaube nicht, dass Gott etwas dagegen hat", sagte ich nur. In den Händen hatte er Blumen und oben, neben seinem Kopf lag seine Kinderbibel. Alle, die vorbeikamen, um sich von ihm zu verabschieden, fragten: „Warum liegt denn die Bibel da drin?", worauf der Vater immer stolz antwortete: „Das war das Lieblingsbuch von Arón."

Nachdem Arón gestorben war, haben wir die Familie noch in ihrer Trauer begleitet. Doch dann hatten wir nur noch sporadisch Kontakt mit ihnen. Irgendwann rief mich der Schulleiter aus Aróns ehemaliger Schule an und sagte: „Binecita, ihr habt euch damals so toll um den Arón gekümmert, darf ich wissen, warum ihr die Ariane nicht in der Betreuung habt?" Und dann sagte ich: „Ariane? Wer ist Ariane?" Er antwortete: „Das ist die kleine Schwester von Arón."

Das überraschte mich. Als Arón noch lebte, hatte ich ein Gespräch mit seinen Eltern. Sie hatten ja bereits zwei Kinder mit einer Behinderung. Und die Wahrscheinlichkeit war hoch, dass es noch mal passieren konnte – gerade wenn man die Geschichte des Vaters in Betracht zog. Ich hatte ihnen ans Herz gelegt: „Trefft Vorkehrungen. Denkt über Verhütung nach. Ihr habt zwei Kinder mit Behinderung, die ihr Leben lang auf euch angewiesen sein werden. Außerdem habt ihr drei gesunde Kinder, die euch auch brauchen." Sie antworteten: „Binecita, natürlich achten wir darauf. Wir passen auf."

Offenbar hatten sie aber nicht verhütet. Ariane hatte genau die gleichen Symptome wie Arón: eine Fehlhaltung in der Schulter, eine Fehlhaltung in der Hüfte und ebenfalls in den Händen und Füßen. Als sie das gemerkt haben, hatten sie Angst, mir zu sagen: „Binecita, wir haben nicht auf dich gehört." Dabei war das nur eine Anregung von mir. Ich bin ja nicht ihre Mama. Ariane kam zu uns, als sie zwei Jahre alt war. Wir haben sie von Anfang an durchbewegt, haben von Anfang an mit ihr Physiotherapie gemacht. Wir haben geschaut, dass sie die richtigen Operationen bekam und dass sie Schienen bekam, als sie welche brauchte.

Noch einmal habe ich mit den Eltern gesprochen: „Ihr habt Arón zu Grabe getragen. Jetzt habt ihr Ariane, die an der gleichen Behinderung leidet. Und eure vier anderen Kinder brauchen euch auch." „Hermanita, natürlich, wir haben die Lektion gelernt", antworteten sie.

Ein Dreivierteljahr später war Ariane in der Therapie bei uns. Sie war fast vier Jahre alt. Ich wunderte mich, warum ihre Mama sie nicht mehr zu uns brachte, sondern ihre älteren Schwestern. Ich fragte sie: „Ariane, wo ist denn deine Mama, ich sehe die ja gar nicht mehr?" „Aber die ist doch schwanger", rief sie fröhlich zu mir hoch. Ihre beiden Schwestern, die danebenstanden, sind vor Schreck fast tot umgefallen. Offensichtlich wollte mir die Familie das verheimlichen. Ich sagte dann zu den Schwestern: „Bringt mir doch das nächste Mal eure Mama mit."

Direkt ab der Geburt des neuen Babys waren wir in der Familie. Rosita hatte leider genau die gleiche Behinderung wie Ariane und auch schon Arón. Das sind Momente, in denen man sich fragt, was man hier eigentlich macht. Da ist es gut zu wissen, dass Gott unser Herz und unseren Frust kennt. Wir wollten Rosita gerne auch operieren lassen, aber dann kam aus Diopsi Suyana noch eine schlimme Diagnose. Beide – Ariane und Rosita – hatten zusätzlich noch eine spinale Muskel-Dystrophie, was ihre Lebenserwartung deutlich verkürzte. Arianes OPs waren umsonst gewesen und bei Rosita brauchten wir gar nicht anzufangen, beide würden nie laufen können. Wahrscheinlich werden sie etwas älter werden als ihr Bruder Arón, da wir sie schon viel früher behandeln konnten. Trotzdem werden sie jung sterben.

Wir hoffen, dass diese Familie das gut durchstehen wird. Denn nach dem Tod von Arón war die Mutter in eine tiefe Depression gefallen, die sie zum Alkohol brachte. Immer wenn wir zu ihnen kamen, saß sie mit einer Flasche Bier da und ihre Kinder wurden vernachlässigt. Auch der Vater hatte ein schweres Alkoholproblem. Inzwischen sind beide Gott sei Dank bei uns in psychologischer Behandlung. Der Vater geht auch zu den Anonymen Alkoholikern. Sie sind als Ehepaar auf einem guten Weg. Den beiden gesunden Schwestern konnten wir ebenfalls helfen. Wir haben sie nach Abancay zu den „Monjas" – den Nonnen – vermittelt. Sie haben ein sehr gutes Internat für Kinder aus armen Verhältnissen. Dort werden sie den Schulabschluss machen und dann mit unserer Unterstützung hoffentlich zurückkommen und hier eine Ausbildung beginnen können. Diese Familie mit ihren verschiedenen schlimmen Schicksalen liegt mir arg auf der Seele. Mein Gebet ist, dass sie trotz allem Stärke und innere Heilung in Gott finden können.

Kapitel 13

Hausbau mit Herausforderungen

Dass hier in Peru so einiges anders laufen würde, als ich es von Deutschland her kannte, merkte ich schon beim Bau der Grundstücksmauer. Zuerst wurden die Gräben ausgehoben, in die ein selbst gebogenes Eisengitter und große Flusssteine gelegt wurden. Für die Gräben kam kein Bagger, das war Handarbeit. Als die Vorarbeiten erledigt waren und der Beton gemischt wurde, kam der Meister auf mich zu und sagte: Binecita – Binchen, jetzt brauchen wir vier Flaschen caña (Zuckerrohrschnaps), Geld und Cocablätter. Als er meinen unverständigen Gesichtsausdruck sah, erklärte er mir, dass das üblich sei, um „Pacha Mama“ (Mutter Erde) und die „Apus“ (Geister der Erde) gewogen zu stimmen. Dazu brauchte man eine Flasche Schnaps, das Geld und die Cocablätter, sie würden ins Fundament mit einbetoniert werden. Das würde die Arbeiter und später die Bewohner schützen. Der restliche Schnaps sei für die Arbeiter zum Feiern. Megumy und ich überlegten, wie wir damit umgehen sollten. Wir wollten die Arbeiter ja nicht direkt am Anfang verärgern, aber wir wollten auch keine Opfergabe für Götter und Geister im Fundament haben. Wir beteten und überlegten. Am nächsten Tag brachten wir eine Bibel, Sekt, einen Pastor und unendlich viel Inkacola, Coca-Cola und Essen auf die Baustelle mit. Der Pastor hielt eine kurze Dankesandacht, betete um Bewahrung während der Bauphase und für jeden einzelnen Arbeiter mit Namen. Danach sagte ich ein paar Worte, dass wir hier ein Haus bauen und dass darin Gottes Liebe zu den Menschen deutlich werden solle. Und weil Gott unser Fundament sei und weil heute ein Tag der Freude sei, wollten wir gerne die Bibel und den Sekt vergraben. Danach gab es lecker Essen und Trinken.

Die Arbeiter wunderten sich, aber am Ende waren sie satt und zufrieden.

Als wir dann an den Bau der Häuser gingen, durfte ich lernen, dass man auch jedes weitere Fundament und jede Zwischendecke ähnlich zu feiern gedachte. Wir haben also noch acht weitere Male Pastoren eingeladen und zusammen gut und reichlich gegessen und Unmengen an Erfrischungsgetränken vernichtet. Auf der letzten Feier sprachen dann auch einige der Arbeiter. Einer berichtete verwundert, aber strahlend, dass er noch nie auf einer Baustelle gewesen sei, auf der so gar keine Unfälle passiert seien. Er könne sich das nur durch die „Überdosis“ an Pastoren und Gebet und die Abwesenheit von jeglichem Alkohol auf der Baustelle erklären. – Zustimmendes Gelächter von allen Seiten.

Im Jahr 2018 konnten wir endlich mit dem eigentlichen Bau beginnen. Wir hatten alle Genehmigungen, die wir brauchten. Unterstützt wurden wir von einem ganzen Trupp von Handwerkern aus verschiedenen christlichen Gemeinden der Stadt. Wir brauchten einfach zuverlässige Leute mit einem guten Leumund. Und in den Gemeinden sprach es sich herum, dass wir Hilfe brauchten. Es war aber auch irgendwie klasse, weil wir bei der Baubesprechung jeden Montagmorgen miteinander beten konnten. So konnten wir so manches größere und kleinere Hindernis vor Gott bringen. Und davon gab es einige. Da war Carlixtos, der Elektriker aus meiner ersten Gemeinde in Andahuaylas. Dann Francisco, den wir schon aus gemeinsamen Hilfsaktionen, die wir zusammen mit seiner Gemeinde organisiert hatten, kannten. Er hatte gute Verbindungen zu etlichen Baustofflieferanten in Lima und Cuzco. Und dann war da

Enrique, von dem ich wusste, dass er Ingenieurwesen studiert hatte und der aus meiner jetzigen Gemeinde war. Um nur mal so einige zu nennen.

Geplant waren zwei Häuser. Ein kleineres, links vorne direkt an der Straße. Dort sollten im Erdgeschoss die Büros der Organisation sein und der erste Stock sollte die Wohnung für Chavi und ihre Töchter werden. Ich wollte sie unbedingt aus dem toxischen Umfeld ihrer Verwandtschaft herausholen. Neben dem Verwaltungsgebäude war das große Tor, inklusive Sicherheitsschleuse. Schließlich nahmen wir ja Frauen auf, die von zu Hause geflohen waren. Und wir wollten sichergehen, dass niemand Unerwünschtes einfach auf das Gelände kommen konnte. Etwas nach hinten versetzt auf der rechten Seite war das erste Haupthaus geplant, das vier Stockwerke hoch sein sollte. Dass Unberechenbarkeiten auf uns warteten, wussten wir ja schon vom Bau der Mauer an der Grundstücksgrenze. Dass aber ein solches Vorhaben in einer mir fremden Kultur so dermaßen chaotisch sein würde, sollte ich erst in den nächsten Monaten erfahren.

Von der Kinderkrankenschwester zur Vorarbeiterin

Als der Hausbau begann, wusste ich noch nicht, auf welche Aufgabe ich mich eingelassen hatte. Der Bau war wie eine Operation am offenen Herzen. Während wir nämlich casayohana – also das Haus – bauten, musste casayohana – das Projekt – weiterlaufen. Ich schaute auf der Baustelle immer wieder nach dem Rechten. Meine tägliche Herausforderung war, mich immer wieder in Situationen und Sachverhalte hineinzudenken, die völlig außerhalb des natürlichen Habitats einer Krankenschwester liegen. Ich musste Entscheidungen treffen über Dinge, von denen ich keine Ahnung hatte. Ich musste entscheiden, welche Stahlstreben in die Säulen kamen, ich musste entscheiden, welche Fenster wir kauften. Ich hatte vom Bauen nur wenig Ahnung, aber jede wichtige und unwichtige Entscheidung hing an mir. Wegen des Baus gab es auch noch viele Amtsangelegenheiten, von denen ich die meisten persönlich erledigen musste. Außerdem ging die Arbeit in casayohana ja weiter – in Talavera und in den Dörfern. Darüber hinaus waren es zwischenzeitlich fast 70 Paten, die wir zweimal im Jahr mit einer persönlichen Patenpost auf dem Laufenden halten wollten. Zusätzlich warf ich jeweils noch einen abschließenden Blick auf die Abrechnungen und übersetzte sie ins Deutsche. Außerdem wollten wir gerne die Gemeinden und Einzelspender, die uns so treu unterstützten, teilhaben lassen an dem, was hier passierte. Ich weiß ehrlich gesagt nicht mehr genau, wie ich das damals alles geschafft habe. Mehr als einmal kam ich an meine Grenzen.

Ein großes Wunder

Aber so viel Gott mir in dieser Zeit auch zumutete, er stand auch treu zu uns und dem Bau. Einmal hatten wir eine Gruppe Helfer aus Deutschland bei uns. Wir arbeiteten gerade an den Fundamenten. Da war ein lustiger Typ dabei, in Ökoklamotten gekleidet und in Barfußschuhen. Wenn wir abends noch gemütlich zusammensaßen und uns unterhielten, hat er immer Fragen gestellt, die kein anderer stellte. Zum Beispiel: „Bine, was ich nicht verstehe: Warum baust du nicht gleich beide Häuser auf einmal? Macht das Sinn, dass die Verwaltung schon auf dem neuen Gelände ist und die andere Arbeit noch im alten Haus stattfindet?“ Innerlich war ich doch ein wenig sauer. Ich dachte, was für ein Klugscheißer, und antwortete, dass wir gerne beide Häuser gleichzeitig bauen würden, wenn uns jemand das Geld dazu gäbe.

Am nächsten Tag kam er noch einmal auf mich zu: „Ich muss doch noch mal nachfragen. Wie viel Geld würdet ihr denn für das zweite Haus brauchen?" Ich wusste damals noch nicht genau, was dieses Haus einmal kosten würde. Ich wusste auch noch nicht, dass während der Bauarbeiten immer neue und teurere Auflagen von den Behörden kommen würden. Deshalb antwortete ich ihm: „Ja, so 250.000 EUR." Und dann sagte er: „Weißt du was, Bine, die hast du."

Kennst du das: Jemand sagt dir etwas und es ist so schön, dass sich dein Hirn weigert, es zu glauben? Ich habe gedacht: Das gibt es nicht, das gibt's einfach nicht. Das kann er jetzt nicht machen. Das geht nicht. Und dann habe ich ihn gefragt: „Bist du dir sicher? Hast du mit deiner Frau drüber gesprochen?" Er antwortete: „Ja, natürlich. Sobald ich daheim bin, überweise ich das Geld." Ich war ihm sofort unheimlich dankbar. Aber es hat etwa eine Woche gedauert, bis mein Hirn diese Information verarbeitet hatte und ich mich von Herzen freuen konnte. Da gibt jemand wirklich 250.000 EUR für casayohana. Einfach so. Wer da noch behauptet, dass es keinen Gott gibt … Dass dieses Haus heute hier steht, das hat damit angefangen, dass ich sauer war auf einen vermeintlichen Besserwisser. Gott ist unglaublich!

Bauen auf peruanisch

Anfänglich lagen meine Auffassung von „wir bauen so gut wie möglich" und die Vorstellungen unsrer Bauleute doch weit auseinander. Eines Nachmittags, als ich zur Baustelle kam, fingen sie gerade an, die Fliesen zu legen. Ich musste zweimal hinsehen, irgendwas war komisch. Dann erst fiel mir auf, dass die Fugen unterschiedlich breit waren. Als ich danach fragte, bekam ich zur Antwort, dass man so Fliesen sparen könne. Als ich dann fragte, ob es eine Möglichkeit gäbe, die Fugen gleichmäßiger zu machen, antwortete der Fliesenleger: „Es gibt da so Kreuze, die man dazwischenlegt." „Und wo sind die?", kam meine erstaunte Rückfrage. „Die müssten wir erst kaufen!", erklärte er mir. „Geniale Idee. Können wir die kaufen gehen?", fragte ich. Sein Einwand: „Aber die kosten Geld." Schmunzelnd fragte ich dann: „Nur, damit ich das verstehe, musst du die zahlen?" „Ne, du, Hermana Bine", kam die Antwort. „Dann ist es doch kein Problem: Geht diese Kreuze kaufen." Solche Situationen gab es öfter. Fast täglich, wenn ich auf der Baustelle war, musste etwas korrigiert werden. Das war aus zweierlei Gründen eine große Herausforderung: Erstens ich bin eine Frau und wir leben hier in einer Hochburg des Machismo. Ich versuchte also, meine Einwände irgendwie als Frage zu stellen, gleichzeitig etwas Wertschätzendes fallen zu lassen, um dann am Ende aber doch so nachdrücklich zu sein, dass die Verbesserungen auch umgesetzt wurden. Das ist mir leider nicht immer gelungen. Und zweitens – ich habe es schon erwähnt –, ich habe vom Bau nicht wirklich viel Ahnung. Aber natürlich sehe ich, ob etwas krumm oder gerade ist. Und das waren dann immer wieder Momente, in denen ich gedacht habe: „Das packst du alles gar nicht. Das wird nicht. Du hast dich überschätzt, du größenwahnsinniges Krankenschwesterlein." Es gab einen dieser Momente, der auf einem Foto festgehalten wurde. Ich stand im Rohbau des Haupthauses, in dem Raum, der später mal mein Wohnzimmer werden sollte. Ich stand an dem großen Ausschnitt für die Fenster und blickte in Richtung Berge hoch. Das war einer dieser „Du bist doch ein größenwahnsinniges Kinderkrankenschwesterlein"-Momente. Ich dachte nur: „Das klappt alles nicht, das geht alles nicht. Das ist alles viel zu viel und irgendetwas werde ich sicher vergessen. Irgendetwas habe ich nicht im Blick. Das ist doch alles viel zu groß!"

Aber Gott schickte mir immer wieder Hilfe. Zum Beispiel durch die beiden Kurzzeitlerinnen Anne und Sophie.

Die beiden waren in der Hauptbauzeit da. Und das war für mich ein Segen. Denn während ich meinen Aufgaben bei der Arbeit mit den Kindern nachkommen konnte, waren sie mehrmals am Tag auf der Baustelle und haben nach dem Rechten geschaut. Ihnen ist zum Beispiel aufgefallen, dass die Arbeiter, die für die Elektrik zuständig waren, die Schlitze für die Leitungen kreuz und quer in die Wände schlugen. Hier in Andahuaylas legt man die Schlitze für die Stromleitungen nicht waagrecht und senkrecht in die Wand, sondern auf kürzestem Weg, also schräg. Und Anne und Sophie – übrigens beide erst 18 und 21 – kamen zufällig gerade in das erste Haus, als sie merkten, dass die Schlitze für die Leitungen sehr kreativ in die Wände geschlagen waren. Sie riefen mich an: „Bine, hast du zufällig gerade mal Zeit, es wäre wichtig!" Ich bin sofort hochgerast und habe den Elektriker gefragt, was für eine Idee dahintersteckte. Er meinte: „Hermana Bine, so sparen wir Kabel." Und ich sagte ihm: „Weißt du was, Hermano Carlixtos, dann ist das ja kein Problem, denn die Kabel zahlen doch, glaube ich, wir von casayohana." „Dann sollen wir es SO machen?" Mit seiner Hand deutet Carlixtos hektisch von oben nach unten und dann seitwärts, um meinen Wunsch von senkrechten und waagrechten Stromleitungen nachzuempfinden. „Ja, ich will wirklich, dass wir das so machen." „Müssen wir dann alle Schlitze noch mal neu schlagen?", war seine entgeisterte Folgefrage. „Ich fürchte ja, Hermano, aber ihr seid so ein tolles Team, ihr schafft das gut." Ich sah ihn aufmunternd an.

Ein anderer heikler Punkt war das Toilettenfenster im Erdgeschoss des Administrationsgebäudes. Das Fenster war unter der

Treppe, die außen am Haus in den ersten Stock führte. Es war uns schon klar, dass da nicht viel Licht reinfallen würde. Aber es war planungstechnisch nicht anders möglich. Als dann der Rohbau stand und ich in diese Toilette kam, sah ich, dass der Ausschnitt für dieses Fenster ungefähr 20 cm hoch war. „Hermano Enrique, haben wir da einen Denkfehler dringehabt? Sollte das Fenster nicht doch etwas höher werden? Wenn da jetzt der Fensterrahmen eingesetzt wird, bleibt für die eigentliche Fensterfläche eine Höhe von vielleicht zehn Zentimetern. Kommt da nicht etwas wenig Licht rein?“ „Okay, wenn du es so willst“, kam die zögerliche Antwort, „wir machen das nachher höher.“ Als ich am nächsten Tag wieder auf der Baustelle war, war noch nichts passiert. Also habe ich noch mal nachgefragt und noch mal und noch mal. Dann, nach eineinhalb Wochen habe ich mir einen Henkelkorb mit Frühstück, eine Thermoskanne mit heißem Kaffee und eine Decke mit auf die Baustelle genommen. Damit habe ich mich auf die Treppe gegenüber dem besagten Fenster gesetzt und habe gefrühstückt. Dann kam Hermano Enrique, völlig irritiert, und fragte: „Hermana Bine, was machst du denn hier?“ Meine Antwort: „Ich glaube, ich bleibe heute mal so lange sitzen, bis dieses Fenster größer gemacht ist.“ Sofort hat er die Arbeiter gerufen und ratzfatz war es erledigt.

Hilfe – wenn Hilfe nötig war

Anne und Sophie hätten nicht zu einer besseren Zeit bei uns sein können. Die jungen Frauen haben Initiative ergriffen und mich entlastet, wo es nur ging.

Das war ab dem ersten Tag so. Als Anne anfing, war Sophie schon ein paar Wochen bei uns. Sie war schon gut mit eingespannt. Anne kam an einem Donnerstag, an dem Sophie und ich notfallmäßig zu einer Familie mit einem kranken Kind gerufen wurden. Während ich schon mal alles zusammenrichtete, erklärte Sophie Anne schnell das Nötigste: Wasser nur aus dem Filter trinken, Klopapier nur in den Eimer daneben, hier ist die Küche, hier das Schlafzimmer. Als wir zwei Stunden später wiederkamen, suchten wir mit etwas schlechtem Gewissen nach Anne und fanden sie nicht auf Anhieb. Als wir dann in die Küche kamen, war das komplette Fach unter der Spüle ausgeräumt und Anne saß mit dem Putzlappen darin. Erschrocken fragte ich, ob etwas undicht gewesen sei. „Ne", erwiderte sie schief grinsend: „Ich habe mich so faul gefühlt, nur rumzusitzen, da hab ich mir schon mal eine Arbeit gesucht." Schmunzelnd dachte ich: „Ja, die passt zu uns. Lustig war auch, wenn Sophie nach dem Mittagessen auf die Küchenuhr geschaut hat: „So, Bine, jetzt ist halb zwei. Um zwei kommt das nächste Kind. Du legst dich jetzt eine halbe Stunde lang ins Bett. Die Anne und ich räumen die Küche auf. Zack, zack." Und ich so: „Ahh … Ja. Wer bist du? Meine Mutter? Na gut." Aber in dem Moment tat es so gut. Ich war mittags wirklich oft müde. Normalerweise war ich die, die schaute, dass alle anderen zum Durchschnaufen kamen. Und da hat jemand mal nach mir geschaut. Dieser Jemand war 19 Jahre alt. Das fand ich voll den Hammer. Auch unsere gemeinsamen Abende waren speziell. Da mein Tag um fünf Uhr am Schreibtisch anfängt, falle ich – bis heute manchmal – um sieben ins Bett, wenn nichts anderes ansteht. Bei einem Abendessen meinte Anne aber, man könne nicht schon um sieben Uhr schlafen gehen. Sie hätten da so eine Idee. Mit schelmischem Blick hielt sie den Laptop hoch. Von diesem Tag an steuerten wir alle drei nebst Katzen nach dem Abendessen – bettfertig – mein Schlafzimmer an und schauten uns gemeinsam durch die alten Folgen von Biene Maya, Michel von Lönneberga oder Jim Knopf und seiner Lokomotive. Die dauerten dann so 20 Minuten, dann „durfte" ich schlummern. In solchen Situationen brauchst du Menschen, die dir klarmachen: „Es ist gerade eine richtig heftige Zeit. Aber das Leben ist trotzdem schön. Wir verstehen, du bist müde, aber irgendeinen Quatsch machen wir noch." Das waren so banale Dinge, in denen ich spürte, dass Gott für mich sorgt. Weil er mich kennt und weiß, dass ich genau das brauchte.

Einmal kam ein Elektriker mit seinem Sohn, der auch irgendetwas mit Software studierte. Sie wollten sich eigentlich nur das Projekt anschauen. Aber sie kamen genau in der Bauphase, in der wir überlegen und entscheiden mussten, wie wir die Verkabelung der Häuser machen wollten, wie die Sicherheitstechnik aussehen sollte, ob wir schon mal alles für Solar mit vorbereiten wollten. Das waren Themen, mit denen ich definitiv überfordert war. Und: Habe ich eine Ahnung, wie viele Steckdosen in einen Raum müssen? Nein! Wie viele braucht man in der Küche? Wie viele Lichtschalter müssen wir anbringen und wo sollen sie platziert werden? Ich habe den Hausbau bei meinen Geschwistern erlebt und da nimmt man etwas mit – ebendiese 3 Gramm Ahnung. Aber ich selbst hatte noch nie gebaut. Philipp, Siggi und später auch Richard waren echt die Rettung in solchen Momenten. Ihre Hilfe war nicht mit Gold zu bezahlen. Und Gott hat es wirklich immer wieder so gemacht, dass genau dann dieser oder jener da war, der sich in einer bestimmten Bauphase mit dem jeweiligen Prozess auskannte. So etwas kann man nicht planen. Jeder, der schon mal gebaut hat, weiß, dass sich der Zeitplan immer verschiebt. Es waren so abgefahrene Situationen, dass ich sie bis heute nicht wirklich fassen kann.

Ein anderes Mal rief mich eine alte Freundin an, mit der ich schon als Kind auf einer Familienfreizeit gewesen war. Unsere Eltern kannten sich schon lange und wir uns eben aus unserer Kindheit und frühen Jugend. Ihr Sohn hatte Bauingenieurwesen studiert und im Rahmen seines Studiums konnte er ein Auslandspraktikum machen. Er hatte von casayohana gehört und fand das spannend. Als er nachfragte, ob wir ihn eventuell brauchen könnten, hätte ich aufschreien mögen vor Erleichterung. Er kam genau in der Phase, als ich nicht mehr gewusst habe, wo mir der Kopf stand. Es war fast am Ende der Bauzeit, als wir erfahren hatten, dass wir den vierten Stock eigentlich aufgrund der Statik gar nicht massiv bauen konnten, und spontan auf Trockenbau umgestiegen sind. Genau in dieser Zeit kam Jakob für acht Wochen und er hat in dieser Zeit ganz viel mit angepackt und vor allen Dingen ganz viel mitentschieden. Wenn er selbst nicht weiterwusste, hat er seinen Vater kontaktiert, der eine große Bauschreinerei führte. Gott ist genial. Er weiß im Voraus schon: Dann und dann wird Bine diese Person brauchen. Lange bevor es mir selbst überhaupt klar ist.

Von Vorurteilen und Bombenlegern

Während der Bauphase überschlugen sich immer wieder die Ereignisse. Es gab ständig schlechte Nachrichten und Probleme, „Herausforderungen", wie Megumy und ich sie umgetauft hatten. Eine dieser Herausforderungen war, dass wir einen sehr hohen Betrag als Grundsteuer für 2018 zahlen sollten. Eine weitere Herausforderung war, dass die großen LKWs mit Baumaterialien nicht mehr zu uns auf das Grundstück fahren wollten. Unsere Straße war genau genommen eine einspurige Schlammpiste mit Schlaglöchern. Zur rechten Seite des engen Weges verlief ein tiefer Abwasser- und Regenwasserkanal, natürlich ungedeckt. Auf der linken Seite lag unsere Einfahrt im 90°-Winkel. Die LKW-Fahrer mussten entweder ohne auszuholen x-mal herumrangieren, bis sie in unsren Hof gelangten, oder sie gingen das Risiko ein, mit ihren rechten Reifen im Abwasserkanal zu landen und ihr Gefährt zu ruinieren. Nach einiger Zeit wollten sie uns deswegen nicht mehr anfahren, sondern luden Ziegelsteine, Sand, Zementsäcke, Kies in der nächstgrößeren Parallelstraße ab.

Ich war gerade dabei, zwei Motocargos (Lastendreiräder) und vier Arbeiter zu organisieren, die den ganzen Tag nichts anderes zu tun hätten, als zwischen den LKWs und der Baustelle hin und her zu fahren. Baumaterialien vom LKW abladen, auf das Motocargo, mit dem Motocargo zur Baustelle, abladen und wieder zurück.

Meine Laune war – sagen wir – angespannt, als Megu in mein Büro kam. Sie sagte, da sei ein Mann, der mich unbedingt sprechen wollte. Ganz in schwarzen Klamotten, mit schwarzem, langem, offenem Haar. Sie fragte, ob sie ihn abwimmeln sollte. Normalerweise wäre ich dankbar gewesen für ihr Angebot, ich hatte wirklich viel um die Ohren. Aber an diesem Morgen war nichts normal. Irgendwas (oder irgendwer?) sagte mir, dass ich mir die Zeit nehmen solle. Ich ging runter und traf ebenjenen Menschen an. Erscheinung und Auftreten waren schon etwas furchteinflößend. Mir schoss sofort ein Ausdruck meiner Oma durch den Kopf. Wenn wir einem solchen Menschen begegneten, sagte sie auf gut Fränkisch: „A sua longhorada Bombmlecha!“ – „So ein langhaariger Bombenleger!“, und zog mich auf die andere Straßenseite. Ich setzte mich zu unserem Gast an den Esstisch, der schon mit Therapiematte und Spielzeug für das nächste Kind vorbereitet war. Er begann sofort damit, von seiner Frau zu erzählen und von deren gesundheitlichen Problemen und von der erfolglosen Suche nach einem Arzt, der sie behandeln könnte. Dann kam die verständliche Bitte, die an dieser Stelle immer kam, ob ich ihm keinen cupo – keine

Eintrittskarte für die Klinik Diospi Suyana – geben könnte. Das ist der Punkt, an dem ich normalerweise mein Gegenüber immer freundlich, aber deutlich darauf hinweisen muss, dass wir mit Diospi nur eine Vereinbarung für unsere Kinder und Familien haben und keine anderen Personen schicken dürfen. Wie gesagt NORMALERWEISE. Wieder bin ich von meinem eigentlichen Verhalten abgewichen und rief noch in seinem Beisein Martina John, die stellvertretende Klinikleiterin in Curahuasi an. Ich hab mein Gespräch gleich mit den Worten eingeleitet: „Tina, ich weiß, dass ihr eigentlich keine Erwachsenen von uns behandeln könnt, aber …“ Und das Wunder geschah, sie stimmte zu. Die Frau sollte gleich heute noch reisen und am nächsten Morgen um acht würde sie behandelt werden, wenn sie eine Bescheinigung von casayohana vorweisen kann. Ich hab nicht schlecht gestaunt. Der Mann war total dankbar. Er wollte so schnell wie möglich zu seiner Frau, um sie auf die Reise zu schicken. Im Aufstehen blieb sein Blick an einem Kuscheltier auf dem Tisch hängen und dann schaute er sich erst einmal richtig um. „Das sieht ja sehr liebevoll aus bei euch, echt schön, was macht ihr eigentlich?“ Im ersten Moment wusste ich nicht, wie offen ich von unserer Arbeit erzählen sollte, aber dann habe ich ihn einfach mitgenommen in die Geschichte und Arbeit mit den Kindern und Frauen. Völlig gegen meine Erwartungen – Vorurteile lassen grüßen – war er sehr bewegt und fragte, ob er uns denn auch irgendwie helfen könnte. Bevor ich überhaupt meinen Kopf einschalten konnte, antwortete ich, dass wir eine neue Straße zu unserer Baustelle bräuchten und eine Befreiung von der Grundsteuer. „Bine, was für verrückte Sachen sagst du da, schau dir den doch mal an“, schoss es mir durch den Kopf. Zu meiner Verblüffung erwiderte er, dass das kein Problem wäre, er würde sich darum kümmern. „WER bist du?!“, dachte ich bei mir. Als wir später alle beim Mittagessen saßen, erzählte ich so ein bisschen lästernd von der Geschichte und der Hilfezusage des Mannes. „Wahrscheinlich hören wir von dem nie wieder etwas." Ich hatte den Satz gerade beendet, als mein Handy klingelte: „Hey, Bine, hier ist Marcelo, ich war gerade bei dir, erinnerst du dich? Ich sitze mit dem Bürgermeister im Pick-up, wir holen dich in 5 Minuten ab, um die Straße beim Gelände anzuschauen, kommst du schon mal raus?" Plong! Ich schämte mich total. Wie oberflächlich habe ich über den Mann geurteilt. Blöde Bine, dachte ich, immer noch nicht schlauer.

Wir sind gemeinsam zum Gelände gefahren. Mein neuer Freund hat den Bürgermeister dort so sehr unter Druck gesetzt, dass dieser versprach, gleich am nächsten Tag in der Stadtratssitzung eine Lösung zu beschließen. Ich hatte währenddessen nur zwei Gedanken: Erstens, was für eine Show, da passiert doch eh nichts und zweitens: „WER bist du?"

Ich hatte immer noch nicht begriffen, dass gerade Gott dabei war, etwas Großartiges für uns zu veranstalten. Am nächsten Tag kurz nach 3 Uhr nachmittags bekamen wir einen Anruf von der Sekretärin des Bürgermeisters. Sie sagte, am Montag a la primera hora – zur ersten Stunde –, also so zwischen sieben und acht Uhr morgens würden die städtischen Arbeiter und Maschinen kommen und unsere Straße reparieren.

Das Wochenende über schwankte ich hin und her zwischen Hoffnung, Skepsis, Fürbitte- und Dankgebeten. Ich versuchte herauszufinden, wer dieser ominöse langhaarige Helfer war, der da so plötzlich aufgetaucht war. Auf Facebook wurde ich fündig: Er war der Anführer einer radikalen marxistisch-maoistischen Bewegung, die sich auf die Fahnen geschrieben hat, die Korruption in den lokalen Regierungen aufzudecken. Unser Bürgermeister hatte also anscheinend genug Respekt vor ihm, um sich unverzüglich in Bewegung zu setzen.

Am Montag a la primera hora waren wir von casayohana

an Ort und Stelle, aber nicht nur wir. Auch Marcelo war da, schließlich wollte er sich selbst davon überzeugen, ob er dem Bürgermeister trauen konnte. Auch die städtischen Arbeiter waren mit ihren Maschinen pünktlich vor Ort. Innerhalb von zwei Tagen haben sie die Straße verbreitert, den Kanal „provisorisch“ gedeckt (hält bis heute) und zwei Tage später konnten die LKWs mit ihren Baumaterialien wieder auf das Gelände fahren. Was für eine Entlastung. Auch in Sachen Grundsteuer hat sich unser neuer Freund erfolgreich für uns eingesetzt. Der Betrag, den wir schließlich zu zahlen hatten, war nur ein Bruchteil von dem, was ursprünglich von uns gefordert worden war.

Der vierte Stock

Wir waren fast fertig mit Bauen, als es noch mal aufregend wurde. Das Administrationshaus war fast fertig. Das erste Projektgebäude hatten wir ursprünglich mit drei Stockwerken geplant. Aber schon während der Bauphase haben wir gemerkt, dass wir das Geld für das bereits angedachte zweite Projektgebäude nicht so schnell zusammenbekommen würden. Es war schnell klar: Wir brauchten noch ein weiteres Stockwerk im ersten Projekthaus, um Platz für die Kurzzeitler zu haben. Ich habe mich mit Enrique, dem Bauingenieur, hingesetzt und ihn gefragt, ob es jetzt noch möglich wäre, ein viertes Stockwerk draufzusetzen. Er verneinte energisch. Einerseits wegen der Statik, andererseits aber auch wegen der Erdbebensicherheit. Hier im Gebirge bewegt sich der Boden anders und Erdbeben kommen hier relativ häufig vor. Deshalb war seine Antwort ein deutliches Nein. Ich erinnerte mich daran, dass man in Deutschland manchmal auf ein massives Haus ein Stockwerk in Trockenbauweise setzt. Ich fragte ihn: „Hermano Enrique, ist

Trockenbau leichter als Ziegelstein?" „Ja, natürlich", antwortete er. „Könnten wir vielleicht einen vierten Stock im Trockenbau oben auf das Haus draufsetzten?" „Ja, das geht. Dafür reichen die Träger aus", stimmte er zu.

Gesagt, getan. Das vierte Stockwerk des Haupthauses wurde als Trockenbau auf das Haus gesetzt. Nur eine entscheidende Sache hatten wir vergessen. Bei einer Besprechung fragte ich Enrique: „Hätten wir eigentlich eine Baugenehmigung für das vierte Stockwerk gebraucht?" Er bejahte. Mir wurde etwas übel: „Hermano, warum sagst du mir das nicht vorher?" Ich fühlte mich mal wieder unfähig. Ich hatte davon keine Ahnung. Ich habe doch noch nie gebaut – geschweige denn in Peru. Was sollten wir jetzt tun? Er sagte nur: „Jetzt machen wir gar nichts. Jetzt bauen wir fertig. Und dann reichen wir den Antrag auf Inbetriebnahme ein und dann beten wir dafür, dass es der Baubehörde nicht auffällt." Wir haben bis dahin alle Bauvorschriften erfüllt, die man erfüllen kann. Wir haben jedes Sicherheitsschild aufgehängt, wo man so ein Schild eben aufhängen musste, wir haben bei den Notausgängen viel Platz gelassen, sodass keiner sich beschweren kann. Wir haben quasi alles übererfüllt, was man übererfüllen kann. Trotzdem würde ihnen sicher nicht entgehen, dass wir ein Stockwerk mehr gebaut hatten als genehmigt war.

Kurz bevor wir den Antrag zur Inbetriebnahme einreichen wollten, kam Enrique noch einmal auf mich zu. „Binecita, wir haben noch ein Problem. Es ist seit Neustem Pflicht in Peru, dass alle öffentlichen Gebäude, wo mit vulnerablen Gruppen gearbeitet wird, mit einer Sprinkleranlage ausgestattet sind." Bis jetzt waren wir immer so eingestuft worden. Ich geriet etwas aus der Fassung. „Bedeutet das, dass wir alle Wände wieder aufschlagen müssen?" Als er das bejahte, gab mir das den Rest. Es ging ja nicht nur um die Sprinkleranlage, die wir hätten installieren müssen. Da unser Gelände privat ist, hätten wir unseren eigenen Hydranten auf den Hof stellen müssen. Auch das ist Gesetz in Peru. Und das hätte bedeutet, dass wir die Wasserzisterne – ein richtig teures und robustes Konstrukt aus Stahlbeton – hätten aufsprengen müssen. Das war auf keinen Fall möglich. Wir beratschlagten uns mit befreundeten Bauingenieuren aus verschiedenen Ämtern. Am Ende setzten wir folgenden Plan um: Wir brachten auf jedem Stockwerk – gut sichtbar – wesentlich mehr Feuerlöscher an als nötig. Wir haben zu dem Zeitpunkt ja schon dafür gebetet, dass wir mit dem zusätzlichen Stockwerk durch die Bauabnahme kommen. Nun beteten wir noch dafür, dass den Prüfern nicht auffällt, dass wir keine Sprinkleranlage installiert hatten.

Am Tag der Prüfung war ich sehr nervös. Der Inspektor wollte überall reinschauen. Er ließ sich jeden Plan zeigen und riss jede Tür auf. Verglich immer wieder, ob sich auch jede Installation da befand, wo sie eingezeichnet war. Mit der Zeit wurde er ruhiger, denn er fand keine Fehler. Irgendwann ließ sicher auch seine Motivation nach und er schaute nicht mehr so genau. Schließlich gab er uns die Lizenz, die wir brauchten, um die Gebäude in Betrieb zu nehmen, genau so, wie sie waren. Damit war automatisch auch offiziell unser vierter Stock genehmigt. Lizenz ist Lizenz. Wir waren aus dem Schneider.

Bei Gott habe ich mich entschuldigt, dass ich ihn zum Komplizen für meine Unzulänglichkeiten gemacht habe. Aber ich habe einfach seine Hilfe gebraucht. Ich bin ihm sehr dankbar.

Ende der Bauphase

Im Oktober 2019 war der Rohbau dann tatsächlich abgeschlossen. Ich konnte es kaum glauben. Eigentlich konnte ich es bei jedem Bauabschnitt, der abgeschlossen war, nicht glauben. Es war immer wieder ein Wunder. Im Frühjahr 2020 wollten wir das Haus offiziell einweihen. Dazwischen musste ich noch einmal für ein paar Monate nach Deutschland in den Heimatdienst, um über casayohana und den Bau zu informieren und Spenden zu sammeln. Im Januar 2020 kam ich wieder nach Peru zurück und es war alles fast fertig. Es musste nur noch innen und außen verputzt und gestrichen werden und die Fenster fehlten noch. Aber das alles war überschaubar. An Pfingsten wollten wir die Einweihung feiern. Es wurden Gäste aus Deutschland erwartet. 45 Personen hatten sich angemeldet. Freunde aus Unterstützergemeinden, Bauhelfer, Partner, Leute von der Stiftung casayohana in Deutschland. Wir haben uns so auf dieses Fest gefreut. Aber dann kam im März Covid und alles war dicht. Die ganzen abschließenden Arbeiten mussten auf Eis gelegt werden. Bis August 2020 gab es einen fast völligen Stillstand. Irgendwann konnten dann vereinzelt Leute zum Arbeiten ins Haus – zwei pro Stockwerk –, um dort zu verputzen und zu streichen. Da die Fenster noch nicht eingebaut waren, war es wie Arbeiten im Freien und entsprach damit den Covid-Richtlinien. Ab August wurde es dann etwas lockerer. Wir konnten endlich die Fenster einbauen. Mitte September bin ich in meine Wohnung eingezogen und Chavi und ihre Töchter sind in ihre Wohnung gezogen. Es sollte aber noch einige Monate dauern, bis wir im neuen Haus ganz offiziell die Arbeit aufnehmen konnten. Die Ämter, die wir für die Genehmigungen aufsuchen mussten, waren Covid-bedingt noch geschlossen.

In dieser Zeit besuchten wir die Familien zu Hause. Die Not war während der Pandemie ja nicht weniger geworden. Im Gegenteil, es kamen weitere Arbeitsfelder hinzu. Nur in wenigen Notfallsituationen betreuten wir schon Kinder und Familien in den neuen Räumen. Sie noch nicht komplett nutzen zu dürfen fiel uns schwer. Im Mai 2021 erhielten wir endlich den dritten und letzten Teil der Betriebserlaubnis, sodass wir die Arbeit im neuen Haus nun ganz offiziell aufnehmen konnten.

Und im Jahr 2021 geschah auch etwas, auf das ich schon lange gehofft und für das ich schon lange gebetet hatte: Die erste Langzeitmitarbeiterin aus Deutschland kam ins Projekt, die Sprachtherapeutin Nelli. Was für ein Gewinn für mich und „unsere" Kinder.

Gott war uns treu geblieben. Auch wenn es ständige Aufs und Abs gab – jetzt standen die ersten beiden Häuser da, aus denen sich unsere Arbeit immer weiter entwickeln konnte.

Kapitel 14
Hilber aus der Ziegelei

Mit *Paz y Esperanza* zusammen haben wir ein Programm für junge Frauen unter achtzehn entwickelt, die mindestens ein Kind hatten und alleinerziehend waren. Das Programm hieß Kuska (d. h. „zusammen"). Einer der Standorte dieses Projektes war Llantuyhuanca, ein Ort auf dem Berg. Dort leben fast alle Bewohner von der Ziegelsteinproduktion. Wenn man hoch zum Dorf fährt, kommt man an großen und kleinen Ziegeleien vorbei. In den Höfen liegen Hunderte von Ziegelsteinen, penibel angeordnet zum Trocknen in der Sonne. Der Ort gehört zu Talavera, man braucht aber 20 Minuten mit dem Auto, bis man dort oben ist. Einmal die Woche waren wir dort. Unsere Unterrichtsräume waren in der Stadtverwaltung untergebracht.

Ich habe die Frauen dort im Backen unterrichtet. Wir wollten ihnen damit einen Weg in die Selbstständigkeit ermöglichen, deshalb zeigte ich ihnen z. B., welche Gerichte sie morgens schon zubereiten konnten, um sie den ganzen Tag lang ohne Kühlung draußen verkaufen zu können. Gebackenes bietet sich da an. Außerdem habe ich sie in die Grundzüge der Hygiene und der Erziehung einführen dürfen.

Eine der jungen Frauen kam eines Tages auf mich zu und fragte: „Du hast doch am Anfang gesagt, du arbeitest auch mit behinderten Kindern. Unser Nachbar bewegt sich ganz komisch. Ich kann es nicht beschwören, aber ich glaube, er ist behindert." Ich habe Edith, eine Mitarbeiterin von *Paz y Esperanza,* gefragt, die auch aus diesem Ort stammte, ob sie ein

Kind kannte, das behindert wäre. „Ja, du meinst wahrscheinlich den Hilber“, war ihre Antwort.

Zusammen mit Edith bin ich dann zum Hof von Hilber gefahren. Sein Vater hatte eine kleine Ziegelei. Der Hof war langgezogen, ganz hinten war ein kleiner, flacher Bau aus Adobe – ungebranntem Lehmziegel –, das Wohnhaus, wie ich später erfahren sollte. Auf einer Seite des Hofes befand sich die Küche. Ein Gestänge, das mit Plastikfolie umhüllt war. Der ganze Hof lag voller Ziegel, die gerade in der Sonne trockneten. Dann kam uns ein Mann entgegen – das werde ich meinen Lebtag nicht vergessen –, der von oben bis unten mit Lehm beschmiert war, seine Haltung war ganz krumm. Er formte die Ziegel selbst. Hinten im Hof war eine Kuhle, wo er den Ton mit Sand und Wasser vermischte. Mit seinen Füßen stieg er in dem Gemisch herum, hat die Masse praktisch geknetet und sie dann genommen und in die Formen geschlagen. Die Formen wurden einmal umgedreht und dabei blieben die geformten Ziegel auf dem Boden stehen. Die Ziegel durften nicht zu schnell trocknen, deshalb musste immer eine Folie drübergespannt werden, falls die Sonne rauskam. Die Folie musste wieder entfernt werden, wenn die Sonne verschwunden war. Ein Knochenjob, der alleine kaum zu bewältigen war. Aber der Vater von Hilber war allein. Jede Ofenladung enthielt 10.000 Ziegel. Das hieß, er hat 10.000 Ziegel geformt, die dann ein paar Tage im Hof getrocknet wurden. Dann hat er sie zwei Tage lang in den Ofen geschichtet und diesen dann die nächsten zwei Tage ganz langsam aufgeheizt. Dann brannten die Ziegel vier Tage lang im Ofen. Da die Temperatur stetig reguliert werden musste, indem immer wieder Feuerholz nachgelegt wurde, schlief Hilbers Vater in diesen 5 bis 6 Tagen nicht. Es war niemand da, der ihm helfen konnte. Die jüngeren Söhne waren noch zu klein und der ältere, Hilber, hatte eine Behinderung. Mit zehn Jahren hätte er eigentlich schon lange helfen können und müssen. Aber er hatte eine halbseitige Lähmung. Das hieß, er hat immer einen Fuß hinterhergezogen. Er konnte weder das Knie beugen noch den Fuß strecken. Eine Hand hatte keine Kraft und die Finger waren in Beugestellung. Die Hoffnung, dass er eines Tages den Betrieb übernehmen würde und somit weiter für die Familie sorgen könnte, war aufgrund seiner Behinderung vergeblich. Und sein Vater war stark verbraucht durch die jahrelange harte Arbeit. Ein echtes Problem für die Familie. Alleine würde es der Vater nicht mehr lange schaffen. Durch die Corona-Krise und, ganz aktuell, auch durch die Folgen des Krieges in der Ukraine hatte sich die Situation der Familie weiter verschärft. Auf der einen Seite stiegen die Rohstoffpreise – allein das Feuerholz für den Ofen konnte der Vater sich kaum noch leisten. Und auf der anderen Seite bauten die Leute aufgrund der Krisen weniger Häuser. Das hieß, dass die Nachfrage nach Ziegeln ständig abnahm. Wenn die Ziegel im Ofen fertig waren, musste der Vater warten, bis jemand kam und sie ihm abkaufte. Einen Lagerraum gab es nicht.

Als wir die Familie 2016 zum ersten Mal besuchten, war sie schon bettelarm. Vor die Fenster hatten sie nur Plastikfolie gehängt, die sie vor der Kälte kaum schützen konnte. In einem der kleinen Räume schlief Hilber mit seinen Brüdern. In der Mitte des Raumes war eine Plastikfolie gespannt. Auf der anderen Seite schliefen die Eltern. Es gab auch kein richtiges Bad. Oberhalb des Hauses war ein weiteres Gestänge aus Holz umwickelt mit einer Plastikfolie. Ein Loch in der Erde diente als Toilette. Eine Wasserleitung, an deren Enden ein Wasserhahn war, ragte ca. 50 cm aus dem Boden. Das war das Badezimmer für die Familie. Winter wie Sommer haben sie sich draußen im Kalten gewaschen.

Wir fragten den Vater, was die Familie brauchte. Seine Liste war lang: warme Kleidung, Schuhe für Hilber und seine kleinen Brüder, Schuluniformen und vernünftige Ernährung – Vitamine. Außerdem: Physiotherapie für Hilber. Genau in dieser Zeit war meine Freundin Alex aus Curahuasi zu Besuch. Sie war Physiotherapeutin und konnte uns wertvolle Übungen für Hilber beibringen. Er war eines der ersten Kinder, die ich dann regelmäßig physiotherapeutisch betreute.

Woche für Woche haben wir geübt und geübt. Hilber ist jetzt 18 Jahre alt und seit gefühlten 5 Jahren ist er voll pubertär. Diese Phase ist schwierig, weil viele Kinder in diesem Alter keine Lust mehr auf Therapie haben. Auch Hilber hatte null Bock. Aber trotzdem ist er dabeigeblieben. Immer wieder gab es die gleichen Dialoge zwischen uns: „Hilber, hast du deine Übungen gemacht?" „Ja, Bine." „Wie oft? Dreimal im Monat?" Und dann kam nur ein freches Grinsen von ihm.

Trotzdem waren seine Fortschritte gewaltig. Als wir ihn kennengelernt haben, fiel es ihm schwer, länger zu laufen. Sein Vater fuhr ihn jeden Morgen im Moto-Taxi 20 Minuten hinunter nach Talavera zur Schule. Heute läuft er diese Strecke alleine. Bergab zum Unterricht braucht er 45 Minuten und heimwärts bergauf eine Stunde. Das hätte früher niemand gedacht, dass er das jemals schaffen würde.

Hilber wird seinem Vater zwar nie in der Ziegelei helfen können, dafür ist seine körperliche Beeinträchtigung zu schwerwiegend. Aber er ist ein helles Köpfchen. Dank unsres Schulprojektes während der Pandemie und der unendlichen Engelsgeduld unserer Lehrerinnen ist er seinen Klassenkameraden lerntechnisch mittlerweile sogar etwas voraus. Und wenn er demnächst seinen Schulabschluss macht, würden wir für ihn gerne das Projekt Qurimanta Warmi" – was so viel heißt wie „Frau aus Gold" – auch auf Männer ausweiten. Bisher helfen wir nur jungen Frauen dabei, eine Ausbildung zu bekommen, indem wir ihnen zum Beispiel einen sicheren Wohnraum in der Stadt anbieten, einen Internetzugang und/oder ein Handy zur Verfügung stellen. Alleinerziehenden bieten wir Kinderbetreuung. Wir möchten diese jungen Frauen auf ein selbstbestimmtes Leben vorbereiten und es ihnen auch ermöglichen. Es ist ein Privileg, mit dabei sein zu dürfen, wenn sich diese jungen Frauen entfalten. Vor einiger Zeit kam Hilber auf mich zu und sagte, dass er es eigentlich unfair finde, dass es so eine Arbeit nur für Frauen gibt. Und dass es doch auch viele junge Männer gäbe, die aus eigener Kraft keine Möglichkeiten zum Studieren hätten, es aber auch voll verdienten – so wie er. Er schenkte mir das unschuldigste, gewinnendste Lächeln, das er zustande brachte. Mit Erfolg. Bald sollte Hilber der erste Mann sein, den wir unterstützen. Denn wenn er eine Ausbildung machen kann und später eine Stelle hat, kann er trotz seiner Behinderung seine Familie unterstützen. Ich bin schon sehr gespannt, wohin uns dieses neue Angebot noch führen wird.

Bis Hilber Geld verdienen kann, wollen wir die Familie mit allem, was sie braucht, intensiv unterstützen. Dazu gehört auch das Gebet. Die Eltern sind Christen und beim letzten Mal, als ich oben bei ihnen war und sie mir von der schwierigen Situation berichteten, fragte ich sie beim Abschied, ob ich noch für sie beten sollte. Ich wollte dafür bitten, dass der Vater noch die Kraft hat, um das Geschäft fortzuführen, bis Hilber dann die Familie mit unterstützen könnte. Sie bejahten und dem Vater kamen Tränen. Hier oben sieht man Männer selten weinen. „Mami Bini, wir kommen nicht mehr in die Kirche runter in die Stadt. Die Strecke ist für Hilber zu weit und das Benzin für das Moto-Taxi zu teuer. Und ich glaube, Gott möchte uns deswegen auch nicht mehr in der Kirche sehen." Früher besuchten sie eine Kirche hier oben im Dorf. Als Hilber geboren wurde, hat man ihnen dort gesagt, dass sie schuld seien an seiner Behinderung, weil sie falsch leben würden. Sie haben die Familie wegen der Behinderung verurteilt. Und deshalb wollten sie auch nicht mehr in diese Gemeinde gehen und nahmen lieber den längeren Weg in eine andere Gemeinde in Kauf. Das ist jetzt 17 Jahre her und vielleicht hatte sich dort ja etwas verändert. Ich ermutigte sie, dort einmal wieder in den Gottesdienst zu gehen, denn sie brauchten dringend Zuspruch und Unterstützung. Es reicht nicht, wenn wir alle paar Wochen hochkommen und mit ihnen reden. Am Ende konnte ich ihnen noch sagen, dass Gott sie nicht verurteilt, dass sie nicht schuld sind an Hilbers Behinderung und dass Gott sich immer freut, wenn sie zu ihm kommen.

Kapitel 15

Und dann kam Corona …

2020 war für uns wie für die meisten Menschen ein Jahr, das anders lief, als wir uns vorgestellt hatten. Die Corona-Pandemie schlug ein und alles musste pausieren. Unser Haus – casayohana – war fertig geworden. Nur konnten wir nicht einziehen. Das war hart. Aber mit der Pandemie verschärften sich auch die Probleme bei den Familien, die wir betreuen. Das war noch härter.

Seit Beginn der Pandemie im März 2020 konnten wir längere Zeit, nicht wirklich viel machen. In Peru gab es sehr strenge Auflagen. Und in den Lockdown-Phasen konnten wir nicht einmal das Haus verlassen. Da war nicht viel möglich. Als die Regeln gelockert wurden und wir Sondergenehmigungen beantragen konnten, hatten wir endlich wieder die Möglichkeit, zu unseren Familien zu fahren, um sie zu betreuen.

Die Schule

Während der Pandemie haben wir gemerkt, dass die Familien stark darunter litten. Eltern kamen zu uns und berichteten, dass ihre Kinder in der Schule nicht mehr mitkamen. Auch die häusliche Gewalt nahm in dieser Zeit deutlich zu. Die Eltern durften nicht mehr aus dem Haus, die Kinder nicht mehr auf die Straße. Sie saßen in ihrer Ein-Raum-Wohnung aufeinander. Die vorher schon schwierige wirtschaftliche Situation der Familien verschärfte sich weiter. Immer wieder hörten wir von Kindern, die verschwanden. Eines der Kinder wurde drei Wochen später tot im Fluss gefunden.

Wir mussten die Familien irgendwie entlasten, der Druck war zu groß für sie. Wir haben uns umgehört und manche haben ehrlich eingestanden, dass sie ihre Kinder mehr schlugen als vor der Pandemie. Dann war klar, dass wir etwas tun mussten. Wir brauchten eine effektive Hilfe für sie. Es gab ja Online-Unterricht vom Staat, nur viele Familien hatten kein internetfähiges Handy oder Geld, um es aufzuladen, geschweige denn WLAN. Also begannen wir zuerst damit, Handys zu verleihen, Datenpakete zur Verfügung zu stellen und in Einzelfällen WLAN zu installieren. Bald merkten wir, dass das nicht reichte. Die Kinder waren mit dem Lernstoff alleingelassen und viele waren überfordert. Also stellten wir zwei Lehrerinnen ein, die je nach Bedarf die Kinder zu Hause besuchten und/oder mehrmals die Woche anriefen, um den Lernstoff zu erklären und einfach da zu sein. Wir stellten fest, dass das vielen half, aber für manche noch nicht ausreichend war. Manche Eltern kamen von sich aus zu uns, bei Familien sahen wir den Bedarf selbst. Nach längerem Hin und Her kamen wir auf die Idee einer Schule. Nicht, dass wir eine eigene Schule eröffnen wollten, aber wir wollten den Kindern etwas Ähnliches wie Schulunterricht anbieten. Kurzerhand wandelten wir dafür die Räume, die für das Frauenzufluchtshaus gedacht waren, in Miniklassen für die härtesten Fälle um. Wir stellten noch mal zwei Lehrerinnen an und boten Unterricht nach Familien an, wegen der Covid-Bestimmungen. Alle Kinder, die bei uns im Programm waren und Bedarf hatten, durften kommen und auch ihre Geschwisterkinder. Schnell fragten auch Schulen an, ob wir „ihre Problemfälle" aufnehmen würden.

Pro Woche hatten wir bis zu 50 Kinder in unserem neuen Projekt. Alle Covid-Regeln einzuhalten und trotzdem alle Kinder zu unterrichten, glich manchmal einem Drahtseilakt – zumal im laufenden Betriebsgenehmigungs-Verfahren. Wir sprachen mit jeder Familie ab, wie viel und welche Hilfe ihre Kinder brauchten. Manche waren nur einmal in der Woche da, andere dreimal und manche kamen jeden Tag. Es gab sowohl den klassischen Schulunterricht – also Spanisch, Rechnen, Sachkunde usw. – als auch eine Lebensschule. Von Anfang an hatten wir Wert darauf gelegt, den Kindern mitzugeben: Ich bin wertvoll. Ich bin geliebt. Es ging uns darum, dass Kinder erleben und verstehen sollten, dass sie wertvoll sind. Wir wollten einfach, dass sie erfahren, dass es Menschen gibt, die sich für sie interessieren. Wir wollten, dass sie merken: „Ich darf lachen, ich darf weinen, ich darf auch etwas sagen. Es hat alles seine Berechtigung."

Freitags haben wir immer Jungschar angeboten, Zeit, in der man sich wohlfühlen konnte. Es wurde eine Geschichte vorgelesen, es wurde gesungen, es wurde gegessen. Als wir merkten, dass nicht alle freitags kommen konnten, boten wir jeden Tag eine sogenannte Wohlfühlstunde an. Das war einfach eine Zeit für die Kinder, in der sie einfach sein durften, ohne etwas leisten zu müssen. Sie durften erzählen, wie es ihnen ging, und es wurde gebastelt und gespielt. Man spürte, dass sie jetzt genau das brauchten. Zeit, in der sie einfach nur sein durften. Außerdem machte es einfach Freude, wenn man merkt, mit welchem Spaß die Kinder kamen. Ein Kind erzählte mir: „Bei der Fiorella lerne ich viel mehr. Die schreit mich nicht so an." Und auch die Lehrer aus den eigentlichen Schulklassen haben sich bei uns gemeldet und uns gespiegelt, dass die Kinder ganz anders drauf seien und sich alle in ihren Noten verbessert hätten. Inzwischen hat sich das Programm so etabliert, dass wir mit sechs Schulen fest zusammenarbeiten und noch etliche Kinder aus anderen Schulen haben.

Mittlerweile ist das Programm ein fester Bestandteil unserer Arbeit geworden. Es geht nicht mehr nur darum, die Kinder aus den Häusern zu holen, sondern auch, ihnen schulisch den Rücken zu stärken. Und jetzt geht's an manchen Stellen wieder zurück zu den ursprünglichen Varianten unseres Programmes. Schüler, die nun fit genug sind, bekommen Handys, um an diesem erweiterten Angebot von zu Hause aus teilnehmen zu können. Die Lehrer stehen mit ihnen dann über Handy in Kontakt. Etwas, das wir über die Jahre hier in der Arbeit mit casayohana gelernt haben, ist, dass wir flexibel bleiben müssen. Eines meiner Lieblingssprichwörter ist ein irisches: „Wenn du Gott zum Lachen bringen willst, mach Pläne.“ Das exerzieren wir hier fast täglich an irgendeiner Stelle durch. Wir müssen auf die Bedürfnisse der Menschen reagieren und sehen, wo sie gerade stehen. Nicht jeder kann einfach jeden Tag hierherkommen. Es gibt Kinder, die jeden Tag mit unseren Lehrerinnen telefonieren, und es gibt Kinder, die nur einmal die Woche angerufen werden.

Qurimanta warmi – Frauen aus Gold

Donna, eine Krankenschwester aus Curahuasi, die ich nur kenne, weil deutsche Besucher sie mal hierhergebracht haben, hatte eine Weiterbildung zur Neonatologie-Schwester (für Kinder- und Jugendmedizin) gemacht. Die Kurse fanden in Puno statt, ganz im Süden Perus an der Grenze zu Bolivien. Sechs Wochen war sie dort. In dieser Zeit wurde dort ein Kind viel zu früh geboren. Die Mutter war extrem misshandelt worden. Dem Frühchen ging es nicht gut. Zufällig hatten wir uns bei ihrem Besuch auch darüber unterhalten, was ich im früheren Leben so gemacht habe. Deshalb wusste sie von meiner Zeit auf der Frühchen-Intensivstation in Erlangen. Sie wusste auch, dass dieser kleine Wurschtel mit dieser jungen Mutter, die selbst Hilfe brauchte, schwer alleine zurechtkommen würde. Nachdem sie sich über die Zeit etwas mit der Mutter angefreundet hatte, bot sie ihr deshalb an: „Du, in Andahuaylas gibt es ein Projekt, das ich kenne. Dort gibt es Menschen, die sich mit Kindern wie deinem auskennen und die euch beiden wirklich gerne helfen würden." Und dann rief Donna mich an und sagte: „Bine, ich habe eine Mama mit Kind hier und die würde ich dir gerne schicken." Ich fragte: „Donna, wo bist du gerade?" „In Puno." Ich sagte ihr nur: „Du weißt schon, dass Puno und Andahuaylas so ein bisschen weit auseinander sind für eine Betreuung?" Die Entfernung ist genau 725 km. Aber auch das hatte Donna geklärt: „Ich habe Maribel schon gesagt, dass sie zu euch ziehen muss, wenn sie will, dass ihr das Baby behandelt." Und tatsächlich hat sie sich darauf eingelassen, hat sich mit ihrem frisch entlassenen Baby in den Bus gesetzt und ist zu uns gekommen. Hier wohnte sie dann anfangs in den Räumen des Projektes Qurimanta Warmi – einem Hostel in der Stadt, das wir gemietet haben. Dort dürfen Frauen wohnen, die Misshandlungs- und Missbrauchserfahrungen durchleben mussten und die studieren wollen. Am Anfang war es schwierig für Maribel, sich an unseren Rhythmus zu gewöhnen, Termine und Absprachen einzuhalten. Ihren Sohn mit all seinen Einschränkungen und Missbildungen anzunehmen war ein langer Weg für sie. Aber als sie Erfolge bemerkte, kleine Verbesserungen, wurde ihr Zutrauen zu sich und ihm immer besser. Sie war am Anfang nur bei uns, sprach viel mit uns und konnte das Erlebte aufarbeiten. Nach einiger Zeit wollte sie auch wieder selbst Verantwortung für ihre finanzielle Situation übernehmen und fing an, für einige Stunden in der Woche in unserem Reinigungsteam zu arbeiten. Im Moment bereitet sie sich darauf vor, ein Studium zu beginnen. Ich bin so stolz auf sie!

Qurimanta Warmi heißt übersetzt „Frau aus Gold". Wenn man als junge Frau aus den Bergdörfern herunterkommt, um in Andahuaylas eine Ausbildung zu machen, um zu „studieren", wie man es hier nennt, dann meinen die Frauen, sie wären in einer Weltstadt gelandet. Und wenn sie dann zurückgehen, denken sie, sie wären etwas Besseres. Wenn ein Junge zurück in sein Dorf kommt und meint, er sei etwas Besseres, dann klopfen ihm alle auf die Schulter und sagen: „Er hat es geschafft." Aber wenn ein Mädchen das macht, dann denken viele, man müsse sie wieder ‚einspuren'. Die jungen Frauen werden mit Gewalt wieder an den Platz gesetzt, der ihnen in der dörflichen Gesellschaft zusteht. Wir haben mitbekommen, dass zwei Mädchen, die in Andahuaylas eine Ausbildung machten und während der Pandemie ihren Job und ihre Wohnung verloren, wieder zurückmussten in ihre Dörfer. Online-Unterricht wurde zwar weiter angeboten, aber das Internet war in den Bergen einfach zu schlecht. Sie haben dort so viel Gewalt erlebt und so viel Erniedrigung, dass sie selber nicht mehr leben wollten. Sie hatten ja erlebt, was es bedeutet, in Freiheit zu leben. Diese Freiheit war ihnen jetzt wieder genommen worden. Beide Mädchen haben versucht, ihrem Leben ein Ende zu setzen. Eine hat das leider auch geschafft.

Als wir das hörten, war uns klar, dass wir auch diesen jungen Frauen Hilfe anbieten mussten. Wir wollten ihnen ermöglichen, weiter zu studieren und aus ihren gewalttätigen Umfeldern herauszukommen. Hier in casayohana hätten sie einen sicheren Raum. Leider hatten wir aber zu dem Zeitpunkt noch keine Lizenz, sonst hätten wir diese Mädchen in das Frauen-Refugium aufgenommen. Aber in Andahuaylas kannten wir einen Christen aus der Gemeinde, der eine Pension hatte – zwei Stockwerke mitten in der Stadt. Wegen Corona konnte er sie nicht vermieten. Wir haben ein ganzes Stockwerk für zwei

Jahre dauerhaft gemietet, haben eine feste Sicherheitstür eingebaut, die Zimmer entsprechend ausgestattet, für Warmwasser und ein gutes Internet gesorgt und haben einen Pförtner vor die Tür gesetzt. Dann haben wir einige der jungen Frauen, die ihren Studienplatz aus genannten Gründen aufgeben mussten und von denen wir wussten, dass ihr Umfeld sehr schwierig war, eingeladen: „Ihr könnt da wohnen und weiter studieren und wir begleiten euch." Wir richteten extra für sie einen Hauskreis ein und haben sie in die Jugendgruppe von casayohana eingeladen. Und wenn sie wollten, nahmen wir sie gerne auch in den Gottesdienst mit. Außerdem hatten wir ein bis zweimal die Woche „Lebensschule", wo verschiedene Dozenten über unterschiedlichste Themen sprachen. Es waren ehrenamtliche Mitarbeiter, Physiotherapeuten, Erzieherinnen, Pädagogen, Anwälte, Sozialarbeiter und Psychologen dabei. In den Stunden ging es unter anderem um Fragen der Selbstwahrnehmung, wie: Wer bin ich und was bin ich wert? Ein wichtiges Thema für die jungen Frauen, die dabei waren, ihren Platz in der Gesellschaft zu finden. Sie haben auch von uns das Angebot bekommen, ihre Geschichte therapeutisch aufzuarbeiten. Das war kein Zwang – nur ein Angebot. Sie bekamen Unterricht über Lernmethoden und Studientechniken sowie über die Frage: Was ist eine funktionierende Beziehung? Auch ganz praktische Dinge standen auf dem Stundenplan dieser Lebensklasse: Was kann ich im Internet posten und was lieber nicht? Was ist Liebe, was ist keine Liebe und wo will ich überhaupt hin? Viele der Mädchen antworteten auf die Frage, was sie in Zukunft machen wollten: „Irgendwann kommt einer, der sagt, er liebt mich, und dann habe ich Kinder." Auf die Nachfrage, was sie denn selbst wollten, reagierten die meisten mit Unverständnis: „Wie, was will ich?" Manche lachten mich aus, weil sie noch nie in ihrem Leben danach gefragt wurden, was sie selber wollten und ob sie überhaupt Kinder haben wollten. Die meisten hatten noch nie darüber nachgedacht, dass sie vielleicht gar keine Kinder haben wollten. Mir ist schon klar, dass diese Frage in dieser Kultur provokativ ist. Aber vielleicht ist sie genau deswegen wichtig. „Willst du das, willst du Kinder? Und wenn ja, willst du sie jetzt? Das, was du jetzt studierst: Willst du das? Und wenn du mal arbeiten willst, wo willst du denn arbeiten? Willst du hier sein? Willst du zurück in dein Dorf? Bei dem Projekt *Qurimanta Warmi* geht es darum, dass die jungen Frauen erkennen, dass sie freie Menschen sind und selbst über ihr Leben bestimmen können. Sie sollen erkennen: „Ich bin keine Marionette und ich muss auch nicht etwas machen, was irgendwer von mir erwartet. Und das Wichtigste: Ich habe einen Wert. Ich darf für mich kämpfen. Ich bin es wert, dass ich in einem gesunden Umfeld aufwachse und lebe. Und wenn jemand mir etwas antut, dann darf ich das auch so benennen und muss keine Entschuldigung für sein Handeln finden." Deshalb hieß das Projekt *Qurimanta Warmi* – die Frau aus Gold, die wertvolle Frau.

Mittlerweile haben wir das Projekt erweitert. Es sind auch Frauen dabei, die nicht in einem toxischen Umfeld leben. Zum Beispiel die Schwester von José, deren Mutter 6 Jahre lang auf unsere Hilfe gewartet hatte und denen wir dann ein Haus gebaut haben. Sie lebt gut zu Hause. Sie bekam von uns ein Handy inklusive Datenvolumen und die Studiengebühren bezahlt, sodass sie an den Onlinekursen ihrer Ausbildung teilnehmen kann. Darüber hinaus ist sie treue Teilnehmerin der Lebensklassen und des Hauskreises.

Wir haben inzwischen auch eine Schwangere und eine Mutter mit Kind – ebendiese Maribel aus dem weit entfernten Puno. Unser Ziel ist es, solchen Frauen den Weg in die Unabhängigkeit zu ebnen.

Kapitel 16

Grenzerfahrungen, die uns zu schaffen machen

Ganz am Anfang meiner Zeit hier in Andahuaylas hat uns ein Vater einmal aus seinem Haus geworfen. Er hatte ein großes Alkoholproblem. Seine Frau war psychisch krank. Ihre Schwester hatte uns gebeten, sich um die Familie zu kümmern, weil drei der vier Kinder an Epilepsie litten. Eines hatte zusätzlich noch eine ICP. Als der Mann einmal im Suff nach Hause kam, als wir gerade dabei waren, seine Familie zu behandeln, warf er uns aus dem Haus. Er schrie uns hinterher: „Ich brauche keine Hilfe, ich brauche keine Hilfe!", und schmetterte die Tür hinter uns zu. Leider ging besagte Tür nie wieder für uns auf. Ich hatte nach dieser Begegnung wirklich Angst vor ihm. Über Verwandte haben wir noch einige Male versucht, an die Familie heranzukommen, aber da war nichts zu machen. Weder die Mutter noch die Kinder erhielten ihre so wichtigen Medikamente, geschweige denn Lebensmittel, Windeln, Kleidung, Therapie. Ein halbes Jahr später starben in einer Nacht die Mutter und das Mädchen mit der ICP und Krampfleiden. Es wurde nie ermittelt, was wirklich passiert ist. In der Nachbarschaft wurde viel gemunkelt. Wir hatten ja keinen Kontakt mehr zu der Familie. Ich sah auch keinen Weg, sie zu erreichen, und ja, ich hatte auch Angst. Später habe ich dann gedacht: Hätte ich noch mal etwas anderes versuchen sollen? Müssen? Hätte ich mir zur Sicherheit einen Mann zur Seite holen sollen? Hätte ich, hätte ich, hätte ich? Damit kämpfe ich bis heute immer wieder, während ich mich gedanklich am Bett des Mädchens sitzen sehe.

Ein anderes Mal war ich einem Vater gegenüber wütend geworden. Dabei habe ich weder geschrien noch habe ich ihn beleidigt. Er brachte seine Kinder einfach, wann er wollte. Manchmal hatte er nur eins von den beiden Kindern dabei, die wir behandelten. Manchmal brachte er alle fünf. Dann war so viel kindliches Durcheinander im Raum, dass eine sinnvolle Behandlung nicht möglich war. Manchmal kam er einfach einen Tag früher oder zwei später und er kam mindestens eine halbe Stunde zu spät. Manchmal auch drei. Ich habe ihm nur deutlich machen wollen, dass Pünktlichkeit wichtig ist. Unser Betrieb kommt einfach durcheinander und wir haben für seine beiden Kinder nicht die Zeit, die sie brauchten. So war ein effektives Arbeiten ausgeschlossen. Also, so sauer wie ich war, sagte ich ihm, dass wir uns wohl etwas anderes überlegen müssten. Danach kam er nie wieder, ist nie mehr ans Telefon gegangen, wenn ich anrief, und ich habe diese Familie nie wieder gesehen.

Einmal mussten wir uns auch schweren Herzens entscheiden, ein Kind aus dem Projekt zu nehmen, weil die Mutter keine Vereinbarungen einhielt, zu Hause so gar nichts umsetzte und die dringend wichtigen Medikamente nicht gab. Sie sah es einfach nicht ein. Der Zustand ihres Jungen verschlechterte sich, obwohl wir so viel Zeit, Kraft und Geld investierten. Auf der anderen Seite haben wir immer eine lange Warteschlange von Kindern, die wir aus Zeit-, Platz- und Personalmangel nicht betreuen können. Deshalb mussten wir das Kind aus dem Programm nehmen. Neun Monate später hörten wir vom Tod des Jungen. Damit mussten wir erst einmal klarkommen. Wir haben diese Entscheidung im Team getroffen, aber ich bin die Chefin und fühle mich noch mehr in der Verantwortung.

Solche Erfahrungen bleiben mir und uns hier nicht erspart. Das sind Situationen, in denen ich mit meinem Rucksack an Belastungen zu Jesu Kreuz komme, alles vor seinen Füßen ablege und Gott sage, dass er sich jetzt darum kümmern muss. „Meine Arme sind zu schwach, ich kann bis hierher, aber nicht weiter. Mach du hier etwas Gutes draus, ich bin am Ende." Und im Umdrehen, beim Weggehen vom Kreuz merke ich, dass ich das Bündel an Belastungen und Sorgen klammheimlich wieder aufgesetzt habe und mitnehme. Dann drehe ich mich in Gedanken wieder um und sage: „Sorry, Vater, ich hab's wieder mitgenommen." Manchmal exerziere ich das vier-/fünfmal durch, bis ich meine Last und mein Versagen wirklich bei ihm ablegen kann. Gott sei Dank, dass er mir meine Schuld vergibt, wie er es versprochen hat. Täglich kann ich aus dieser Vergebung leben. Ohne diese Entlastung würde ich nicht mehr so fröhlich und aufrecht durch die Tage gehen können.

Man muss auch loslassen können

Die Arbeit in der casayohana macht wahnsinnig viel Spaß. Zu sehen, wie jemand lächelnd die Hand heben kann, der das vorher nicht konnte. Kinder, die kaum laufen konnten und heute auf dem Weg zur Schule einen Berg runter und wieder hoch laufen. Ein tanzendes Mädchen, von dem niemand gedacht hätte, dass sie mal tanzen kann.

Auf der anderen Seite haben wir aber auch mit Eltern zu tun, die nach wenigen Wochen, Monaten oder Jahren die Therapie ihrer Kinder abbrechen, weil sie keine Lust mehr haben oder weil sich für sie der Aufwand für „das bisschen Erfolg" nicht lohnt. Auch in uns kommt dann die Frage hoch, warum wir immer wieder so viel Zeit, Herzblut und Geld investieren. Manche Frauen kommen zu uns, die geschlagen werden. Sie kommen immer wieder und berichten davon. Dann sitzen sie hier und erzählen mir ihre grausame Lebensgeschichte und sagen mir, dass sie rauswollen. Dass sie ihr Leben ändern wollen und ihre Männer anzeigen möchten. Wir begleiten sie zur Polizei, zum Amtsarzt, zum Anwalt. Am nächsten Tag kommen dann die Männer mit einem Strauß Blumen, entschuldigen sich weinend und versprechen, dass ab jetzt alles anders wird, dass sie sich ändern. Und dann werden die Frauen schwach und gehen wieder zurück. Und wenn sie irgendwann nicht mehr kommen, fürchten wir, dass sie umgebracht wurden. Das sind solche Situationen, die ich in Gottes Hand geben muss. Ich muss mir eingestehen: Meine Arme sind zu kurz, ich kann diese Frauen nicht erreichen. Aber du, Gott, kannst sie noch erreichen.

„Hilf einfach!" Die innere Überzeugung, dass es mir gut geht, dass ich dankbar sein kann und dass ich von dem Guten abgeben kann, hat mich bis hierher gebracht. Oder vielmehr: Gott hat diesen Satz genutzt, um mich hierher zu bringen mitten in die peruanischen Anden. Ich durfte erleben, wie Gott eine Arbeit begonnen hat und wie er mich – eine Kinderintensivkrankenschwester aus Franken – dazu ausgewählt hat, diese Arbeit zu leiten. Er hat mich – eine, die keine Ambitionen hatte, selbst einmal ein Haus zu bauen – zwei Häuser bauen lassen. Und das in einem Land, in dem man nicht nur einen Plan B hat, wenn Plan A nicht funktionieren sollte. Sondern wo man immer auf einen Plan E bis Z vorbereitet sein muss. Gott hat mir Liebe gegeben für Menschen, mit denen ich vorher nicht klargekommen bin. Er hat mir Geduld gegeben, wo ich sonst eigentlich schon lange ausgerastet wäre.

Kapitel 17

Mariluz, „Mami Bini" und warum ich mich irgendwann daran gewöhnt hatte

Es war an einem meiner ersten Tage in Andahuaylas. Ich war mit Lupe auf der Feria – dem Wochenmarkt – unterwegs. An einem Stand mit leckeren Bananen in verschiedensten Farben habe ich angehalten. „Mamita, ¿cómo te puedo ayudar?" – Mamilein, wie kann ich dir helfen? Der Blick der Bäuerin fiel auf mich. Das kann doch nicht sein. Irritiert sah ich mich um, stand hinter mir noch eine Frau? Oder irgendwelche drei bis vier Kinder, die zu mir gehören konnten? Nein. Ich habe mich, etwas verwirrt, wieder zur Verkäuferin umgedreht. Aufmunternd lächelte sie mich an. „Mal eine von den Roten probieren, Mami?" Das war vielleicht komisch. Jeder, der dir halbwegs wohlgesonnen ist, spricht dich hier im peruanischen Hochland mit Mamita oder Papito an – also Mamilein oder Papilein. Daran muss man sich erst einmal gewöhnen. Aber es ist ein Zeichen dafür, dass man einer von ihnen ist. Es kann aber auch ein Hinweis dafür sein, dass sie dich wirklich als so etwas wie eine zweite Mutter ansehen.

Inzwischen bin ich acht Jahre in Peru und für viele Familien bin ich mittlerweile „Mami Bini". Kinder nennen mich so, aber auch für die Mütter und Väter bin ich „Mami".

Eine der Situationen, in denen ich auf diese Weise quasi adoptiert worden bin, hat sich so abgespielt:

Mariluz hatte uns durch Zufall gefunden. Sie ist eine sehr junge Mutter eines Jungen mit einer Behinderung. Eines Tages, als sie gerade Facebook durchstöberte, blieb sie an einem unserer Einträge hängen. So erfuhr sie immer mehr darüber, was und wie wir mit „unseren Kindern" arbeiten. Sie hat uns gleich im Facebook-Chat angeschrieben und ein Bild ihres Sohnes Eduardo mitgeschickt. Er war damals gerade sechs Jahre alt und hatte einen Hydrocephalus (Wasserkopf) sowie eine Spina Bifida (ein oder mehrere offene Wirbel mit Defekt des Rückenmarks). Als Baby war er am Hydrocephalus operiert worden, aber eine Nachsorge hatte es nie gegeben. Ab der Defekthöhe am Rücken konnte er weder seinen Unterkörper noch seine Beine kontrollieren noch fühlte er etwas. Er bewegte sich mithilfe seiner Arme fort und zog seine Beine hinter sich her. An den Stellen, die über die Erde schleiften, war er wund. Urin und Stuhl konnte er nicht kontrollieren. Mariluz war gerade mal Anfang 20 und lebte bei der Mutter ihres Ex-Partners – dem Vater des Jungen. Mit ihrem neuen Freund Hector hatte sie bereits ein zweites Kind. Ihre Situation war schlimm. Niemand half ihr mit Eduardo. Niemand wollte mit ihm zu tun haben.

Die Schilderung ihrer Situation hat uns dazu bewogen, sie bald zu besuchen. So machten wir uns am nächsten Tag auf zu ihr. Als ich gemeinsam mit Megumy, meiner damaligen Stellvertreterin, zu ihr an die Hütte kam, saß Eduardo in einem Waschkorb. Sein kleiner Bruder sprang ganz aufgeregt im Hof herum, denn Besuch bekamen sie nicht oft. Mariluz zeigte uns ihre Küche und das andere Zimmer, in dem sie und die Jungs und die Ex-Schwägerin wohnten und schliefen. Das Häuschen hatte zwei Etagen, wobei nur die untere bewohnbar war. Das Strohdach im ersten Stock war undicht, die Lehmmauer hatte Risse. Die beiden Räume im Erdgeschoss, die sie nutzten, hatten keine Fenster, der Boden war ungestampfter Lehm, es hing jeweils eine dunkle Glühbirne in den beiden Räumen. Wasser bekamen sie vom Nachbarn, der eine Leitung im Garten hatte. Während Megumy versuchte, Gian in Schach zu halten, untersuchte ich Eduardo auf dem Tisch unter dem spärlichen Licht der Glühbirne. Er war sehr schlank, hatte die Größe eines Dreijährigen und überall alte und frische Wunden. Er fand es unglaublich spannend, was ich da so alles dabeihatte. Er war einfach nur goldig. Mariluz war beeindruckt davon, dass wir ihr nicht mit Vorwürfen kamen, sondern einfach nur helfen wollten. Das kannte sie wohl nicht. Sie bat uns, nachdem wir fertig waren, noch zu bleiben, und kochte für uns das Einzige, was sie noch hatte: Kartoffeln. Wir saßen auf Holzbalken, aßen Kartoffeln und unterhielten uns. Bevor wir gingen, vereinbarten wir einen Termin für die folgende Woche. Wir wollten schon mal einiges vorbeibringen, was fehlte: Windeln, warme Kleidung, Lebensmittel, Milchpulver, warme Decken für die Jungs. Als wir dann gehen mussten, fiel uns Mariluz – erst Megumy und dann mir – in die Arme. Während sie bei mir am Hals klebte, sagte sie zu mir: „Ich mag dich jetzt schon, ich bin euch so dankbar. Du bist ab jetzt meine zweite Mama." Im ersten Moment fand ich diese Situation sehr kurios. „Naaaaa?", dachte ich, „denkst du, dass du dadurch mehr erreichst bei mir?" Gleich nach dem ersten Treffen war ich schon die „Mami" – das machte mich doch etwas skeptisch.

In der nächsten Woche kamen wir wieder und brachten ihnen die Sachen. Mariluz besuchte uns wöchentlich im alten Haus. Wir leiteten sie in der Wundversorgung an und zeigten ihr Übungen für Eduardos Unterkörper. Mariluz war von Anfang an so treu dabei, dass wir sie zeitnah fest ins Projekt aufnehmen konnten.

Relativ schnell hat Mariluz auch begonnen, mich anzurufen, wenn es zu Hause Probleme gab. Ob es der Streit mit ihrem Partner – dem Vater von Gian – war oder ein Konflikt mit ihrer

Ex-Schwiegermutter. Immer wieder rief sie mich an: „Mami Bini, ich weiß, dass ich dich gerade störe und deine Gutmütigkeit ausnutze, aber ich hätte eine kleine Frage …“ Von Anfang an hat Mariluz mich in ihr Leben hineingenommen. Sie rief an und stellte alle möglichen Fragen. Mit ihren zwei Kindern war sie überfordert, beide waren sehr aktiv. Es war sehr schön zu sehen, dass sie am Anfang sehr viel gefragt hat, irgendwann aber anfing, mich „nur noch“ in ihr Nachdenken mit einzubeziehen. Dann rief sie immer öfter an, um mit mir zu reden und mir von ihren Erfolgen zu erzählen. Es ist für mich so ein Geschenk, diese Entwicklung begleiten zu dürfen. Bei unserem Psychologen hat sie mit einer Therapie begonnen und von unseren Pädagoginnen konnte sie viel über konstruktive Erziehung lernen. Die Kinder brachte sie regelmäßig in die Frühförderung, Therapie und Nachhilfe. Zuverlässig nahm sie die Hilfe an, die wir ihr anboten.

Zwischen Mariluz und mir entstand schnell eine echte Beziehung. Des Öfteren hat sie mir gesagt: „Du bist jetzt meine Mami, wir sind eine Familie. Und wenn ihr mal Hilfe braucht, dann sag Bescheid.“ Immer wieder hat sie von Hector erzählt, dem Vater ihres kleinen Sohnes. Er sei Taxifahrer, und falls wir seine Dienste bräuchten, könnten wir mit ihm rechnen. Er würde nur die Unkosten abrechnen – also die Benzinkosten.

Das Angebot nahmen wir gerne an. Hector erledigte für uns einige Fahrten zu Kontrollterminen unserer Kinder nach Curahuasi. Und so war es dann auch kurz vor Weihnachten 2020. Er fuhr wieder einige Kinder nach Diospi Suyana. Sie hatten dort Termine und sollten zwei Tage lang dableiben. Hector hatte in dieser Zeit nichts zu tun. Vor Ort Taxi fahren ging nicht, denn er hatte nur eine Lizenz für Andahuaylas. Er vertrieb sich die Zeit auf der Plaza de Armas, nicht weit entfernt von meiner ersten Wohnung in Peru. Dort gabelte er dann eine Frau auf und plötzlich war er verschwunden. Wir konnten ihn nicht mehr erreichen. Die Kinder mussten wir von einem anderen Fahrer zurückbringen lassen. Er war einfach weg, wie vom Erdboden verschluckt.

Mariluz hat sich selbst auf die Suche nach ihrem Mann gemacht. Sie hat alle Menschen, die sie in Curahuasi kannte, gebeten, nach seinem Auto – also dem Taxi – Ausschau zu halten. Und tatsächlich fanden Bekannte von ihr den Wagen und auch Hector. Fast drei Wochen war er bei dieser fremden Frau geblieben. Mariluz – alleine mit den zwei Kindern – ist in diesen Wochen fast verrückt geworden. Oft hat sie angerufen, wenn sie ihre Gedanken alleine nicht mehr ordnen konnte. Sie war verletzt und überfordert. Sie liebte und brauchte ihren Partner. Deshalb hatte sie sich so an Hector geklammert und deshalb hat sie so nach ihm gesucht. Doch als er wieder zu Hause war, kam sie nicht mehr mit ihm klar. Hector war einfach zu weit gegangen.

Mariluz trennte sich schließlich von Hector. Ein Jahr lang hat sie darum gekämpft, ihr Leben alleine in den Griff zu bekommen. Mit unserem Psychologen hat sie ihre Kindheit aufgearbeitet. Wir haben ihr dabei geholfen, ihre Finanzen zu regeln. Mit ihren Kindern kam sie zu uns in die Kinderstunde. Dort hörte sie von Gott und stellte immer wieder Fragen zu bestimmten Bibelstellen. Immer öfter saßen wir mit meiner Bibel da. Irgendwann habe ich ihr eine rosa Bibel aus Lima mitgebracht. (Meine schwarze wäre viel zu langweilig gewesen.) Sie las regelmäßig darin und hatte immer wieder Fragen.

Irgendwann im Frühjahr 2022 kam sie zu mir und berichtete, dass Hector wieder Kontakt zu Gian suchen würde. Am Anfang war ich kritisch. Waren seine Absichten gut oder brauchte er nur etwas? Wir saßen einige Male zusammen und sie hat Für und Wider abgewogen. Schließlich war ihr Plan folgender: Sie wollte vorsichtig sein. Wenn Hector tatsächlich seinem Sohn nahe sein wollte und sich tatsächlich geändert hatte, wäre das wunderbar.

„Es ist okay, wenn er uns einlädt, wenn er uns am Sonntag zum Spazieren abholt. Es ist auch okay, wenn er mir zu Hause hilft und das ein oder andere repariert. Aber schlafen tut er hier noch lange nicht."

Sie hat dann vier Monate lang die Beziehung mit Hector vorsichtig wieder aufgebaut, ohne wirklich eine Beziehung mit ihm zu haben. Irgendwann brachte er dann die Kinder zu ihren Terminen bei uns. Immer öfter kam er zu uns. Er half auch mit, wenn wir einen Baueinsatz hatten. Er brachte zuverlässig die Kinder zu ihren Terminen. Selbst wenn es nur Eduardo war, der ja eigentlich nicht sein Sohn ist und dazu noch behindert. Er postete online sogar Bilder mit ihm, seinem behinderten Sohn. Hierzulande ist das etwas Besonderes.

Ende April sagte mir Mariluz, dass sie Hector wieder eine Chance geben würde. Er durfte wieder zu Hause einziehen. Seitdem hat sich vieles verändert. Die beiden machen bei unserem Psychologen eine Paartherapie. Hector kommt auch zu unseren Männerstammtischen. Da geht es ums Mannsein im Allgemeinen und Besonderen. Um Fragen wie: „Was macht mich als Mann aus, wie erziehe ich meine Kinder, wie behandle ich meine Frau? Wie gehe ich mit Misserfolg um?" Also, dass keiner auf falsche Gedanken kommt, es ist nicht alles eitel fein Sonnenschein bei Mariluz und Hector. Beide können nach wie vor herzerfrischende Sturschädel sein – aber es bewegt sich vieles zum Besseren.

Im Oktober 2022 – kurz bevor dieses Buch fertiggestellt werden sollte – kam mitten in der Nacht überraschend wieder ein Anruf von Mariluz: „Mami Bini, ich weiß, ich soll dich so spät nicht stören, aber wir brauchen deine Hilfe." Sie erzählte mir, dass Hector ein Jobangebot bekommen hatte. Er sollte Fahrer eines Politikers werden. Das war eine gut bezahlte und sichere

Stelle. Nur gab es ein Problem: Hector hatte seinen Führerschein ablaufen lassen und außerdem hatte er noch drei Strafzettel, die noch offen waren. Für den Job brauchte er zusätzlich eine Personenbeförderungslizenz und die konnte er nur zurückbekommen, wenn er gleichzeitig seine Schulden beglich. Und das waren satte 1500 Soles – knapp 380 Euro –, die er in wenigen Tagen aufbringen musste. „Ich weiß, dass ihr das eigentlich nicht macht, Mami Bini. Aber mit diesem Job könnten wir unabhängig werden. Wir wären nicht mehr so auf finanzielle Hilfe von euch angewiesen."

Am nächsten Morgen besprach ich die Situation mit meinem Team. Frauen helfen wir für gewöhnlich, wenn sie Schulden haben. Und wir unterstützen sie auch dabei, beruflich Fuß zu fassen und unabhängig zu werden. Gerade wenn sie ihre Familie durchbringen müssen. Warum sollten wir das nicht auch für einen Mann machen? Hector hatte sich in den letzten Monaten gut gemacht und er sorgte für das Einkommen der Familie. Warum sollten wir nicht auch ihm helfen?

Wir haben das Paar zu uns eingeladen und einen offiziellen Vertrag mit ihnen geschlossen, der von einem Notar beglaubigt wurde. In dem Vertrag wurde die Rückzahlung festgelegt. Als wir ihn unterschrieben hatten, schaute Hector mich an und sagte: „Mami Bini, ich muss dich jetzt auch so nennen, denn noch nie im Leben hatte ich das Gefühl, dass ich jemandem so wichtig bin, wie ich es euch bin." Wir haben dann darüber gesprochen, wenn er das bei uns schon erlebt und spürt, wie viel mehr liebt ihn dann Gott? Und ja, dass er uns sehr wichtig ist, aber dass er Gott noch viel, viel wichtiger ist. Das war mal wieder einer der Momente, in dem ich begriffen habe, wie viele Chancen auch in diesem für uns Deutsche doch sehr ungewöhnlichen „Familienerweiterungsprogramm" stecken.

Die Veränderung, die Gott im Leben der beiden bewirkt, ist

großartig. Mariluz und Hector lesen gemeinsam in der Bibel. Sie kommen regelmäßig zu ihren Beratungsgesprächen. Durch seinen neuen Job kann er seine Schulden begleichen und für seine Familie sorgen. Wenn alles gut läuft, und ganz vielleicht, könnte er bei casayohana arbeiten. Denn bald brauchen wir einen zweiten Fahrer. Das Auto dazu ist schon bestellt.

Früher fand ich das vereinnahmend, von allen und überall Mami Bini genannt zu werden. Ich hatte das Gefühl, sie wollten mir schmeicheln, damit ich ihnen helfe. Aber bei Mariluz war das nicht so. Ich habe gemerkt, dass sie jemanden brauchte, der ihr Sicherheit gab, loszulaufen. Sie brauchte wirklich eine „Mama". Deshalb bin ich heute mit dieser Anrede versöhnt: „Mami Bini".

Kapitel 18

casayohana heute – unser „Apothekerschrank"

Manchmal habe ich das Gefühl, casayohana gleicht einem dieser alten Apothekerschränke. Einem Exemplar mit ganz vielen kleinen Fächern und Schubladen mit Schildern versehen: familiäre Schwierigkeiten: rechts oben in dem Fach, der Psychologe. Probleme mit dem Lernstoff: Was braucht ihr denn – ein Telefon, eine Lernanleitung? Das ist in der dritten Reihe zweite Schublade. Links unten, viertes Fach: Cesar hat angeborene Klumpfüße? Hier geht's zur Physiotherapie.

In casayohana sind in den letzten Jahren viele Bereiche dazugekommen. Je nach Situation und den daraus entstehenden Nöten und Bedürfnissen haben wir unsere Arbeit erweitert und modifiziert. Wenn jetzt eine neue Familie in unsere Arbeit aufgenommen wird, können wir an diesen imaginären Apothekerschrank gehen und die individuell benötigten Hilfen anbieten. Und es werden immer mehr. Das ist so genial. Die Idee von casayohana ist ja zum einen, Menschen im weitesten Sinne durch Begleitung, Bildung, medizinische Versorgung und praktische Anleitung dazu zu befähigen, dass sie einmal alleine im Leben stehen können, ohne von Menschen abhängig zu sein, die ihnen nichts Gutes wollen. Zum anderen sind wir aber auch da, um mit ihnen ihre Vergangenheit aufzuarbeiten. Denn auch das bringt Heilung. Für die Förderung von Kindern mit Behinderung braucht man gesunde Eltern und gesunde Geschwister. Alle Bereiche hängen miteinander zusammen. Deswegen finde ich es so wunderbar, dass unsere Arbeit in Module aufgeteilt ist.

Ich bin mir sicher, Gott hat in diesem ‚Apothekerschrank' von casayohana noch weitere Fächer, die er ausfüllen möchte.

Als wir heute in den Hof von casayohana kamen, saßen dort Mütter im Schatten im Gras, die strickten und dabei lachten. Es tut ihnen gut, hier zu sein. Als ich dazukam, standen sie auf und kamen strahlend mit ihrem typischen „Mamaschita" (Mamilein) auf mich zu. Es ist so herrlich zu sehen, wie wohl sie sich hier fühlen. Wie sie zusammenwachsen und wie sie diesen sicheren Ort genießen.

Aber es gibt auch etliche Väter, die casayohana ihr Zuhause nennen. Aus einem eigentlich traurigen Streit zwischen den Eltern eines unserer Kinder ergab sich neulich eine Situation, die mich schmunzeln ließ. Aufgebracht sagte Jesùs zu seiner Ex-Partnerin: „Nein, ich will Anggi auch mal montags haben, ich bin in casayohana auch zu Hause. Ich will sie auch mal zu ihren Terminen bringen." Dank der thematischen Männerstammtische unseres Psychologen einmal im Monat und der praktischen Schulungen unsrer Handwerkerabteilung gibt es auch für Männer immer mehr Angebote. Und die Väter merken, dass wir sie nicht verurteilen, sondern wertschätzen. Wir merken das zum Beispiel daran, dass sie sich auch eine Auszeit nehmen und gemeinsam im Garten sitzen. Sie bieten aber auch immer wieder ihre Hilfe an und bei unseren Gartenzaunbau-, Abwasserrohrverleg- oder Pflanzaktionen kommen sie gerne und packen kräftig mit an.

Kapitel 19

Was noch zu sagen wäre

Wenn ich jetzt, mit etwas Abstand, auf meine Anfänge und die Anfänge von casayohana zurückschaue, dann kann ich eigentlich nur staunen. Darüber, wie Gott mich liebevoll und geduldig vorbereitet hat auf alles, was ich bis jetzt hier erleben konnte. Und ich staune darüber, was er mich alles erleben ließ, worauf ich überhaupt nicht vorbereitet war, und am Ende war es doch gut. Und ich staune darüber, dass er so viele Herzen bewegt hat, durch ihre Spenden casayohana bis heute zu ermöglichen. Über all die Menschen, die sich durch casayohana und unsre Arbeit hier haben anstecken lassen.

Ich bin dankbar für die treue Unterstützung meiner Partnergemeinden. Für die viele Geduld und Professionalität der VDM, der Vereinigten Deutschen Missionshilfe. Für die Unterstützung durch die Marburger Mission bei der Entstehung von casayohana. Für die vielen, genialen Menschen der Stiftung casayohana in Deutschland, die mir im wörtlichen Sinn Tag und Nacht zur Seite stehen bei so vielen Fach- und Sachfragen, mit Videoclips, Texten, Messestand-Diensten, Social-Media-Notfällen ... Ich bin dankbar für meine Geschwister und deren Ehepartner, die ihre Leidensfähigkeit mit mir immer wieder beweisen und die Idee zur Stiftung casayohana mit entwickelt und unterstützt haben bis heute. Ich bin dankbar für meine ganze Familie und für meine älteste Freundin Claudi, die einfach hinter mir stehen. Für euch, liebe Leserinnen und Leser, die vielleicht gerade diesen Teil des Buches weniger spannend finden und trotzdem noch weiterlesen. Und ich bin dankbar für unseren unvergleichlichen großen Gott, der mich kleines, begrenztes Menschenkind mit reichlich Macken in seinem unendlichen Humor und in seiner Liebe mitbauen lässt an dem wunderbaren casayohana.

ÜBER CASAYOHANA
Das macht uns aus.

Seit 2014 schützt und hilft casayohana Kindern mit Behinderung, Frauen und Familien und ermöglicht therapeutische Angebote im Hochland der Anden Perus. Mit Behörden, Kirchen und einheimischen gemeinnützigen Einrichtungen (NGOs) arbeitet casayohana eng zusammen, um auf Grundlage eines christlichen Menschenbildes eine kulturnahe, praktikable und nachhaltige Hilfe zu leisten.

Die Stiftung casayohana wurde 2018 gegründet, um die Arbeit in Peru langfristig und nachhaltig zu sichern. Durch überwiegend ehrenamtliche Mitarbeiter unterstützt die Stiftung die Arbeit in Peru personell, materiell sowie organisatorisch.
Kontakt:
Stiftung casayohana
Am Kreuzweg 1
91623 Sachsen bei Ansbach
www.casayohana.org
stiftung@casayohana.org
+49 (0) 9827 9280711

Stiftung
casayohana
Save a child, save a mother, save a family
Deutschland